Oppitz
Das Geheimnis der Varusschlacht

Peter Oppitz

Das Geheimnis der Varusschlacht

Zagara-Verlag

ISBN 3-00-019973-X
Zagara-Verlag, Kelkheim

© 2006 by
Zagara-Verlag, Kelkheim
Peter Oppitz
Brunhildenweg 3, D-65779 Kelkheim
Tel./Fax: +49(0)6195 64972
E-Mail: zagara-verlag@ngi.de

Gestaltung und Gesamtherstellung:
Druck & Verlag
A.Rossbach GmbH & Co.KG, Eschwege

Lektorat: Klose | Textmanagement, Berlin

Wer nur den Fußstapfen
von anderen folgt,
findet keine neuen Wege.

Chinesischer Spruch

Wer liest schon ein Vorwort!

Dafür gibt es ein Nachwort und
viele Anmerkungen für den
tieferen Einstieg und die Zweifler.

… nun viel Spaß beim Lesen.

Dank

Viel bereitwillige Hilfe habe ich bei der Zusammenstellung dieses kleinen Buches erfahren dürfen. Besonders die angeregten fachlichen Diskussionen halfen mir mit wertvollen Hinweisen und Empfehlungen zu vielen Einzelfragen.
Allen meinen geduldigen Gesprächspartnern möchte ich an dieser Stelle herzlich danken. Zu ihnen gehören Panajotis Argyriadis, Dr. Daniel Bérenger, Prof. Dr. Dr. Ing. Günther Binding, Rolf Bökemeier, Erich Burger, Dr. Georg Eggenstein, Dr. Klaus Grewe, Dr. Norbert Hanel, Günther Heinrich, Dietrich Kleipa, Dr. Johann-Sebastian Kühlborn, Wolfgang Küstner, Joachim Lehmann, Dr. Horst Leiermann, Roland Linde, Wolfgang Lippek, Ursula Lorenz, Dr. Manfred Millhoff, Iris Schäferjohann-Bursian, Dr. Sven Spiong, Dr. David Wigg-Wolf und Dr. Michael Zelle.

Inhalt

Die verschwundene Schlacht

Eine Erinnerung aus dem Geschichtsunterricht taucht auf, verschwommen und fast vergessen: »Varusschlacht«.

Da haben die Römer mal nicht gegen die Germanen gesiegt. Von Arminius war die Rede. Oder war es Herrmann der Cherusker, der, in Bronze gegossen, hoch oben auf dem Denkmal bei Detmold so schön martialisch sein Schwert in den Himmel streckt?

Die Aussicht von dem Denkmal mitten im Teutoburger Wald kann je nach Wetter beeindruckend oder enttäuschend sein. Aber wo war das Schlachtfeld? Keiner weiß es, der Lehrer nicht, der Heimatverein nicht, der Reiseführer schweigt sich wortreich aus. Nur das Jahr 9 nach Christi Geburt wird genannt.

Und doch finden sich viele Berichte und scharfsinnige Überlegungen, wo diese Schlacht tatsächlich stattfand. Es reizt das Rätsel als solches! Es reizt die Lösung!

Drei kriegserprobte römische Legionen mit ihren Hilfstruppen, zusammen etwa 20 000 Mann, gingen unter. Innerhalb von etwa fünf Tagen verlor Rom ein Zehntel seines gesamten Heeres von 28 Legionen. Eine so große Truppe war in dieser Zeit eine gewaltige militärische Stärke. In einer offenen Schlacht sie zu besiegen, dazu wären ungefähr 40 bis 60 000 Germanen erforderlich gewesen. Ein Kampfplatz von so vielen Kriegern hinterlässt überdeutliche Spuren. Ein kleiner Platz wurde bei Kalkriese ausgegraben, einige Kilometer von Osnabrück entfernt. Aber viel zu klein, um ernsthaft in Frage zu kommen.

Das Land war wesentlich dünner besiedelt als heute. Woher die vielen Kämpfer zusammenführen? Wer hätte die Autorität gehabt, eine Kampfgruppe aus mindestens drei Germanenstämmen zu befehligen? Die Stämme waren zwar Nachbarn, aber häufig in Kämpfe untereinander verwickelt und dadurch misstrauisch.

Ein Schlachtfeld von 80 000 Mann muss auffindbar sein. Schon Melanchton stellte vor 450 Jahren Überlegungen an und entschied sich für den Osning, dem heutigen Teutoburger Wald, als Ort für die Niederlage des Varus[1]. Seitdem wird nach dem Schlachtort gesucht.

Wohl für immer vergeblich, meinten Primaner und rechneten genüsslich die riesigen Kosten für drei Legionen aus. Varus könnte die Geldsummen gestohlen haben und eine Geisterarmee wurde geschlagen. Sein Tod war dabei ein bedauerlicher Unfall und andere machten sich mit dem Geld davon. Dieser Brocken wäre auch im Römischen Reich zu groß gewesen, um damit unentdeckt unterzutauchen.

Zeitnahe römische Berichte sprechen von Verrat, gemeint war Arminius; Sorglosigkeit und Trägheit, das galt Varus. Kaiser Augustus war fassungslos. Mit dem Kopf stieß er immer wieder gegen eine Tür und rief die berühmten Worte: »Quintili Vare, legiones redde«.[2] Der Verlust dieser großen Armee war für die Führung des mächtigsten Reiches der damaligen Welt eine riesige Blamage. Dieser Verlust an Autorität hätte zu Aufständen von unterworfenen Völkern führen können. Davor fürchtete sich Augustus und traf Maßnahmen gegen einen möglichen Notstand. In der Folgezeit waren die einst in Germanien stationierten Legionen XVII, XVIII und IXX verschwunden und wurden nie wieder aufgestellt. Diese drei Legionen waren vernichtend geschlagen worden, das steht fest! Aber wie geschah das und wo?

In den Jahren 15 und 16 n. Chr. versuchte der römische Feldherr Germanicus mit acht Legionen, etwa 40 bis 50 000 Mann, erneut die Germanen zu unterwerfen. Er durchzog das Gebiet östlich des Rheins, besonders den Teutoburger Wald und das Land bis zur Weser. Die Römer nahmen Rache an den dort wohnenden Germanenstämmen. Sie alle waren an dem Kampf gegen Varus beteiligt. Auch dieser Feldzug war ein Desaster.

Sturmfluten, Stürme, Sümpfe und tiefe Urwälder wurden in den Militärberichten beschworen, aufgebauscht oder erdichtet. Germanien wurde zum denkbar unwirtlichsten Landstrich hochstilisiert, um die wiederholten schlimmen Verluste zu erklären und zu bemänteln. Schließlich gaben sie ihr großes Ziel auf. Sie wollten, so wird vermutet, die Grenze des römischen Reiches bis an die Elbe ausdehnen. Den Fluß entlang und in einem weiten Bogen durch Tschechien bis an die Donau sollte ein Limes die nordöstliche Grenze des Römerreiches schützen. Aber das Land zwischen Rhein und Elbe konnten sie nicht unter Kontrolle bringen.

Das kleinste Rätsel ist noch, warum die Varusschlacht nicht »Herrmannschlacht« heißt. Nun gut, manchmal heißt sie schon so. Meistens wird eine Schlacht nach dem Sieger benannt oder nach einem nahegelegenen Ort. Doch das Ereignis nach dem Verlierer zu bezeichnen, der auch noch den Tod durch Selbstmord fand, ist unverständlich. Die Gelehrten streiten sich, ob der Cheruskerfürst jemals Herrmann hieß. Die Römer haben nur Arminius überliefert. Außerdem gab es in der deutschen Geschichte öfters einen Herrmann, aber nur einen Varus. Damit ist die Schlacht im Teutoburger Wald im Jahre 9 n. Chr. kurz und eindeutig bezeichnet. Wenigstens das Denkmal steht dort auf der Höhe und erinnert an den Sieger. Wie weit weg davon müssen wir den Ort der Schlacht suchen, um dem Geheimnis seiner Lage näherzukommen?

» Eingeschlossen in Wälder und Sümpfe, in einen feindlichen Hinterhalt, wurden sie Mann für Mann abgeschlachtet«, schrieb treffend und bildhaft C. Velleius Paterculus.[3] »Nichts Blutigeres gab es je, als das Schlachten in den Sümpfen und Wäldern...«, schildert der spanische Ritter Florus dieses Ereignis.[4] Das kann man sich vorstellen, da liefen Geschichtslehrer zur Hochform auf. Für einige Minuten hatten sie die Aufmerksamkeit der Schüler gewonnen. Darum blieb uns dieses Ereignis über die Jahre hinweg im Gedächtnis haften!

Die Germanen lebten also in Sümpfen und Wäldern, trugen Felle und große runde Schilde. Sie konnten gewaltig dreinschlagen mit ihren Schwertern und tranken hinterher große Krüge mit Met und Bier bis zum letzten Tropfen aus. Soweit die Stereotypen aus Asterix und Obelix – und die aus der Feder so manchen römischen Geschichtsschreibers. Einigen von ihnen lag viel an dieser Geschichtspropaganda gegen die Germanen und hatte zum Beispiel bei Caesar ganz handfeste politische Gründe.

Mit solchen Bildern lassen wir uns im Sinne der Römer beeinflussen. Varus hielt die Germanen für Wesen, deren Ähnlichkeit mit Menschen nur in der Stimme und der Gestalt des Körpers bestand.[5] Die Germanen trotzten, wie auch wir Mitteleuropäer, einem Klima mit mehreren Monaten Schnee und Winter. Die Übergangszeiten waren nasskalt und äußerst ungemütlich, die Sommer zeigten sich nur mäßig warm.[6] Dort zu überleben verlangte eine hohe Anpassung. Hütten mussten gebaut werden zum Schutz gegen Regen und Schnee, gegen Wind und Kälte. Für mehr als fünf Monate mussten Vorräte angelegt und gegen Mäuse, Ratten, Fäulnis und Frost geschützt werden.

Die Germanen lebten anders

Die Lebensweise der Germanen zwang die römischen Feldherren zu immer neuen aufwändigen Maßnahmen, besonders bei der Versorgung der Truppe, dem Straßenbau und der Anlage der Kastelle. Ebenso hatte das Klima einen großen Einfluss auf den Ausgang der Eroberung von Germanien.

Die germanischen Familien sicherten ihr Überdauern als Gemeinschaft zur Produktion des täglichen Bedarfs, zum Schutz während des Schlafes und bei Krankheiten. Gerade Erkältungskrankheiten, wie Grippe und Bronchitis, konnten unter der Pflege von erfahrenen Frauen mit den überlieferten Kenntnissen der Heilkräuter leichter überstanden werden.

Die Lebensgrundlage der Germanenstämme war die Zucht von Rindern, Pferden, Schafen und Ziegen. Daneben wurden Schweine, Gänse, Enten und Hühner gehalten. Die Rinder wurden in Herden auf Grasland und in den umliegenden Wäldern gehütet. Sehr weit von den kleinen Dörfern und Gutshöfen konnten sich die Viehhirten nicht entfernen. Jederzeit mussten sie um Hilfe rufen können. Einmal mussten Wölfe und Bären abgewehrt werden, dann wieder waren es benachbarte Germanenstämme auf ihren Raubzügen. Nur die weniger wertvollen Tiere, wie Schafe und Ziegen, führten sie zu weiter entfernten Weiden.

In der Umgebung der Siedlungen fraßen die Weidetiere die Pflanzen am Boden und in den Wäldern das Blattwerk der Bäume, so hoch sie reichen konnten. Junge Bäume aus Samen konnten nur ganz begrenzt aufkommen. Durch einen solchen Wald kann man wie durch eine grüne Halle gehen, ohne sich sonderlich vor Ästen bücken zu müssen. Hudewälder sind nicht undurchdringlich. Bei starker Beweidung verschwinden allmählich die Bäume. Die Tiere beißen die Keimlinge ab und die Flächen werden nach Jahrhunderten ohne Roden waldfrei.

Diese Wälder trafen die Römer an. Tacitus[7] berichtete von einer Aktion während der Kämpfe von Germanicus:»Ihn [den Führer der Bataver, Chariovalda] lockten die Cherusker, die zum Schein flohen, in eine Ebene, die rings von Bergwald umgeben war. Dann brachen sie hervor, stürmten von allen Seiten auf den Gegner ein [...].« Durch einen dichten Wald kann man nicht reiten, das Pferd muss geführt werden. Aber in einem Hudewald kann durchaus geritten werden, allerdings mit etwas Vorsicht. Diese Art Wald findet sich in der Nähe von Wohnstätten. Also fand der Kampf in einem besiedelten Gebiet statt. Solche Informationen erschließen sich durch aufmerksames Lesen.

Die heranwachsenden jungen Männer mussten im Umgang mit Pferden und Rindern erhebliche Kraft aufwenden. Die Arbeiten um Haus und Hof verlangten oft erheblichen Körpereinsatz. Dabei wurden ihre Muskelkräfte gefordert und stark ausgebildet. Bei den Ringkämpfen untereinander zum Messen der Kräfte wurden ebenfalls Muskeln entwickelt, aber auch Mut und Schnelligkeit geübt.[8]

Die Beutezüge der Germanen zu näher oder weiter entfernten sollte die eigene wirtschaftliche Lage verbessern. Größere Aktionen waren zur Erweiterung der Wohngebiete und der Macht des Stammen erforderlich. Vom Raubzug mitgenommen wurde alles Brauchbare, bis auf Feuerholz. Besonders begehrt waren alle Gegenstände aus Metall, ebenso Vieh und Geräte. Wurden Frauen und Kinder überrascht, waren auch sie willkommene Beute und wurden zu Leibeigenen. So mancher junger Krieger bekam auf diese Weise eine ansehnliche Frau. Sie brachte ihr Wissen um Küche und Hauswirtschaft mit und bereicherte ihre neue Heimat. Die große Gefahr von Inzucht auf den abgelegenen Höfen wurde so etwas gemildert.

Diese Raubzüge waren eine ersehnte Abwechslung im recht eintönigen Einerlei der Tagesabläufe. Die Krieger konnten ihren Mut beweisen. Durch kühne Taten verbesserten sie ihr Ansehen bei der Sippe und im Stamm. Die Nibelungensage hatte ihre geschichtlichen Wurzeln nur etwa 500 Jahre später und ihr Ende fand sie in Susa (vermutlich die Stadt Soest). In der zugehörigen Thidrekssaga heißt es mit schöner Bildhaftigkeit: »[...] und damals waren unsere Schwerter oft rot von Blut, und große Scharten darin von harten Helmen – nun sind sie rot von Rost.[9]« Hinter diesen Worten steckt eine gehörige Portion Abenteuer- und Rauflust.

Die Totenmasken von ihren erschlagenen Feinden nagelten sie an einen Pfahl vor ihrer Hütte. Große Krieger ließen die symbolischen Masken in Stein meißeln und stellten sie vor ihr Haus. Die Augen waren zu einem Strich geschlossen, im Gegensatz zu Bildern von lebenden Göttern mit runden geöffneten Augen. Die Totenmasken wurden auch zum Dank den Göttern geopfert und an die Eichen in den heiligen Hainen angeschlagen.

Vor diesen Überfällen versuchten sich die Dorfbewohner durch Wächter zu schützen. Näherten sich räuberische Trupps, ritten Boten zu den Nachbarn ihres Stammes und warnten vor der Gefahr. Dann wurde alles Hab und Gut zusammengerafft. Mit dem Vieh zusammen versteckten sie sich in einer nahegelegenen Fliehburg oder in unzugänglichen Winkeln in den tiefen Wäldern. Dort trafen sie auf ihre ebenfalls geflohenen Nachbarn. Gemeinsam konnte der Feind besser abgewehrt und das eigene Gut zum Überleben während des Winters geschützt werden.

In Sichtweite rund um die verstreuten Höfe wurde Getreide auf Feldern angebaut. Es waren die alten, ertragsarmen Sorten wie Emmer, Dinkel, Einkorn, Hirse, Hafer und Gerste, aber auch Roggen und (Spelz-)Weizen. Fleisch wurde gern gegessen, daneben gab es Brot und Brei aus Getreide, Linsen oder Pferdebohnen.

Von Hof zu Hof gab es Pfade und unbefestigte Wege. Auf

den Höhenzügen entlang der Kammlagen zogen sich Heerstraßen. Dort wurde im Frühjahr und nach Regenfällen die Erde schneller trocken. Für längere Entfernungen waren sie häufig die einzigen Wege für Reiter und Fußgänger, für Pferde- und Eselskarren. Auf ihnen zogen die Händler entlang mit ihren Metallwaren, Schmuck und Keramik. Diese großen »Straßen« wurden bei Kriegszügen genutzt und waren für die Römer die ersten Wege, um schnell und weit in Germanien vorzudringen.

Die Höfe und kleinen Siedlungen wurden an Bächen und Quellen angelegt, die selbst in trockenen Sommern zuverlässig Wasser führten. Das umliegende Land sollte reiche Ernte bringen und eine fruchtbare Weide sein. Die Hügel sollten nicht steil ansteigen, es wäre sonst zu mühsam, den Weidetieren zu folgen. Die versumpften Bach- und Talauen wurden kaum genutzt und nicht mit Gräben entwässert. Eine geschlossene Kulturlandschaft, in der sich Hof an Hof, Dorf an Dorf reiht, wie wir sie heute kennen, gab es kaum.

Im Umkreis der Höfe lagen die heiligen Quellen. Auffallend mächtige Eichen wurden ebenfalls als Plätze der Götterverehrung aufgesucht. Zu Zeiten der Sonnenwende und der Tag- und Nachtgleichen trafen sich dort die Menschen der Umgebung. Auch die Sippen der benachbarten Stämme feierten die Feste friedlich mit ihnen.

Viel mehr Menschen aus einem größeren Umkreis kamen zu Festen an die heiligen Haine. Das konnten auffällig geformte Felsen sein, ungewöhnlich starke Quellen oder herausragende Hügel mit einer gewaltigen Eiche darauf. Darum gab es so viele Orte, an der die Irminsul gestanden haben soll. An diesem Baum, glaubten die Germanen, war der Himmel befestigt.

Zu diesem Fest wurde am Spieß gebraten, getrunken, geflirtet, gerauft, gemeinsam gesungen, und es war Friede angesagt. Die Freien waren bewaffnet und zogen nur ihr Schwert, um bei der Schilderung ihrer Abenteuergeschichten die Dramatik zu steigern.

In dieses Land drangen die Römer ein. Sie waren eine Armee, wie sie die Germanen noch nie gesehen hatten. Sie kämpfte ganz anders. Die römische Heeresmacht war beeindruckend. Die Germanen spürten die Macht des Überlegenen, und das war beabsichtigt. Eine Legion auf dem Marsch war eine massive Erscheinung von 5000 bis 6000 Soldaten, gleich gekleidet, diszipliniert und in strenger Ordnung verbreitete sie Furcht und Angst. Einen solchen Gegner greift man nicht leichtfertig an. Außerdem hatten die Germanen kaum Zeit, eine nennenswerte Streitmacht zu sammeln. Sie lebten weit verstreut auf einzelnen Höfen. Die Römer kamen einfach zu schnell heran. Da blieb nur noch Zeit, Hab und Gut aus der Reichweite der Feinde wegzuschaffen. Wo die Römer auf Gegenwehr stießen, übten sie harte Gewalt. Sie brannten die Gehöfte und Hütten der Germanen nieder und erschlugen Alte und Kranke. Um Furcht und Schrecken zu verbreiten, wurde alles vernichtet. Selbst Brunnen vergifteten sie mit toten Tieren und Erschlagenen, wenn nach Gegenwehr Rache geübt wurde. Sie wollten das Land tributpflichtig machen und jeden Widerstand brechen. Die Unterlegenen sollten Pferde, Häute, Gold, Silber und vieles mehr abliefern, jedes Jahr wieder. Die Menge bestimmte der Sieger und erhöhte die Last, wenn er glaubte, noch mehr sei möglich.

Im Allgemeinen gelang den Römern kein Überraschungsangriff auf eine germanische Siedlung. Wächter und Posten warnten frühzeitig vor nahenden Feinden, das hatten sie schon immer getan. Den Römern blieb wenig Essbares zu rauben. Die Vorräte und die Tiere hatten die Germanen längst außer Reichweite in Fliehburgen und in unzugängliche Verstecke in Sumpf und Dickicht gebracht. Die Legionen konnten sich daher nicht ausreichend von den erbeuteten Lebensmitteln ernähren. Alle Versorgungsgüter musste die Armee im Tross mitführen. Das verlangte viel Aufwand und Transportleistung.

Tief in den Wäldern waren auch die Krieger bei ihren Familien oder sie beobachteten aus sicherer Entfernung und gut getarnt die Feinde. So bekamen die Römer wenig Germanen vor ihre Schwerter und marschierten fast ungestört weite Strecken durch das Land.

Der Chronist des Drusus-Feldzuges glaubte, die Sugambrer seien auf einem Feldzug gegen die Chatten, als Drusus mit seinem Heer durch ihr Land zog. Die Sugambrer lebten südlich der Lippe, etwa von Paderborn aus bis in den Raum von Dortmund. Drei bis vier Tagesritte entfernt, etwa bei Korbach, begann das Stammland der Chatten und reichte südwärts über Marburg hinaus. Zwischen beiden Stämmen siedelten die Marser. Die Ortsnamen Marsberg und Volkmarsen erinnern noch an diesen Germanenstamm.

Im Notfall hätten die Männer von ihrem Kriegszug zurückgeholt werden können. Drei Tagesritte eines Heerzuges konnten von eiligen Boten in weniger als einem Tag geschafft werden. Die Entfernung war klein und nahe genug, um die Krieger zu Hilfe zu holen. Dann hätte es einen heftigen Angriff gegeben, den der römische Berichterstatter sicherlich erwähnte.[10] Ob sich die Römer selbst täuschten oder durch diese Nachricht von Suchaktionen nach den versteckten Bewohnern abgehalten werden sollten?

Außerhalb ihrer Schlachtordnung waren die Legionäre ebenso verletzbar wie die Germanen. Wenn die Soldaten sich in unwegsames Gelände wagten, waren sie in großer Gefahr. Plötzlich traten die germanischen Krieger hinter Bäumen hervor oder standen von der Erde auf, ihre Fellkleidung war eine natürliche Tarnung. Ihre Speere konnten sie sehr genau werfen und den Römern tiefe Wunden zufügen.[11] Dann verschwanden sie wieder, leichtfüßiger als die schwer beladenen und schwer bewaffneten Soldaten. Um die Speere mussten sie sich nicht kümmern. Sie hatten für diese Zwecke keine Metallspitze[12]. Holz lässt sich im Feuer stark austrocknen, auf Steinen spitz geschliffen wurde eine wirksame Waffe daraus. Es genügte, wenn sie mit den hölzernen Speeren den Feinden Wunden zufügten. Es mussten nicht gleich tödliche Verletzungen sein. Wegen mangelhafter Sauberkeit und fehlender Antibiotika waren Wundstarrkrampf und tödliche Infektionen sehr häufige Folgen. Davor hatten die Legionäre große Angst und hielten sich eng im Verband der Truppe. Sie mieden unübersichtliches Gelände und Dickichte im Wald.

Diese Zusammenhänge werden bei Suetonius angesprochen.[13] Die Römer trafen auf einige Germanen und kämpften mit ihnen. Dadurch wurde der Vormarsch der Legion zum Stehen gebracht. Inzwischen konnte die Sippe ihre Frauen, Kinder, Vieh und Vorräte in die »landeinwärts« gelegenen Verstecke bringen. Dorthin aber trauten sich die Römer nicht. Vielleicht schrieb der Chronist deshalb: »[Sie] wurden in die entlegensten Einöden zurückgetrieben.« Aber es heißt nicht, »sie wurden tief in die Einöden verfolgt und dort geschlagen«. Berichte sind nun einmal eine Kunst!

Ereignisse um die Zeitenwende in Germanien

Zeit	Alter von Arminius	
52 v. Chr.		Sieg der Römer über die Gallier bei Alesia.
16 v. Chr.	3	Sugambrer, Tenkterer und Usipeter besiegen die Römer unter dem Statthalter Lollius, erobern ein Lager und den Adler der V. Legion.
15 v. Chr.	4	Tiberius und Drusus bauen Kastelle am Hochrhein. Augustus ordnet selbst die Verwaltung in Gallien.
13 v. Chr.	6	Die Römer gründen u. a. Castra Vetera (Xanten), Mogontiacum (Mainz), Novaesium (Neuss).
12 v. Chr.	7	Drusus kämpft gegen die Sugambrer, Usipeter und Tenkterer, er baut den »Drususkanal« zum Ijsselmeer als Zugang zur Nordsee.
11 v. Chr.	8	Drusus' Feldzug durch das Gebiet der Usipeter, Sugambrer und Cherusker bis zur Weser. Auf dem Rückweg Anlegen eines Kastells am Zusammenfluss von Lupia und Elison.
9 v. Chr.	10	Drusus dringt bis zur Elbe vor und stirbt nach einem Unfall auf dem Rückmarsch.
8 v. Chr.	11	Die Gesandten der Sugambrer werden von Augustus gefangen genommen und 40 000 Sugambrer auf das linke Rheinufer umgesiedelt.

7 v. Chr.	12	An der Lippe werden die Lager Haltern und Anreppen angelegt.
2 v. Chr. bis 1 n. Chr.	19	Aufstand der Germanen (»immensum bellum«) gegen die Römer unter dem neuen Oberbefehlshaber Marcus Vinicius. Vermutlich waren auch die Cherusker daran beteiligt.
4 n. Chr.	22	Tiberius wird Oberbefehlshaber in Germanien und kämpft gegen die Sugambrer, Brukterer und Usipeter. Die Cherusker unter Arminius' Vater werden notgedrungen Bundesgenossen der Römer. Arminius und sein Bruder Flavus dienen als Soldaten, vermutlich als Fürstengeiseln, in Auxiliareinheiten der römischen Legionen.
etwa 5 n. Chr.	23	Arminius wird römischer Ritter.
7 n. Chr.	25	Quintilius Varus wird Statthalter in Germanien. Vermutlich stirbt in diesem Jahr Arminius Vater, der Cheruskerfürst Sigimer, und sein Sohn wird Nachfolger.
9 n. Chr.	27	Varus bezieht ein Sommerlager »mitten in Germanien«. Die XVII., XVIII. und XIX. römische Legion sowie drei Reiterverbände (Alen) und sechs Kohorten gehen verloren.

Kastelle an der Lippe

Die Römer hatten in den Jahren bis 13 v. Chr. am Rhein ihre Stützpunkte errichtet. Linksrheinisch bestand eine Kette von Kastellen und eine Straße. Der Rhein wurde als Wasserweg zum Transport von Gütern intensiv genutzt. Auf dem rechten und linken Ufer waren Gutshöfe gebaut worden, die für die Legionen Nahrungsmittel produzierten. Immer wieder überfielen Germanen diese Siedlungen. Sie betrachteten die Römer als Eindringlinge, suchten Rache für Vergeltungsschläge der Besatzer und erhofften reiche Beute. Sie dehnten ihre Raubzüge auch über den Rhein nach Westen aus bis weit in die römische Provinz Gallien.

Kaiser Augustus[14] ließ nach seiner Rückkehr aus Gallien und aus der niederrheinischen Provinz seinen Sohn Drusus als Statthalter von Gallien und als Oberbefehlshaber der rheinischen Legionen zurück. Er gab den Auftrag, die Germanen zu unterwerfen. Die ständigen Unruhen und Überfälle mussten beendet werden. Das Römische Reich wollte er bis zur Elbe ausdehnen. In einem großen Bogen von der Elbemündung über Böhmen bis nach Ungarn sollte zukünftig die Grenze des Reiches verlaufen.

Nero Claudius Drusus soll an dieser Stelle kurz vorgestellt werden. Er wurde 38 v. Chr. geboren und war der Bruder des späteren Kaisers Tiberius. Sanft und liebenswürdig soll er gewesen sein, trotzdem ließ er keinen Zweifel an seiner Durchsetzungsfähigkeit aufkommen. Ebenso wie sein Bruder wurde er als körperlich schön beschrieben. Seinen Freunden vertraute er und ließ sie dies auch spüren. Im Kampf war er tapfer und fair. Seine Ritterlichkeit wurde selbst von den Germanen anerkannt. Nach seinem Sturz im Jahr 9 v. Chr., durch den das über ihn fallende Pferd sein Bein zerschmetterte, ließen die Germanen die Waffen ruhen und geleiteten ihn in ehrfurchtsvoller Scheu.[15]

Das größte Kastell am Niederrhein lag bei Xanten, Castra Vetera, und war als Garnison und Winterlager für zwei Legionen ausgebaut. Es lag etwa der Lippemündung gegenüber auf einer Anhöhe, um nicht durch ein Rheinhochwasser gefährdet zu werden. Drusus ließ dort eine Brücke bauen, um mit den Legionen leichter auf das rechte Rheinufer zu kommen. Das östlich gelegene Germanien sollte von hier aus erobert werden.

Im Frühjahr 12 v. Chr. zog Drusus von Castra Vetera aus mit seinen Legionen über den Rhein. Einen heftigen Kampf focht er mit den Sugambrern aus, die südlich der Lippe lebten. Dann erst konnte er sein eigentliches Vorhaben beginnen. Er durchquerte auf dem rechten Ufer des Rheins das Land der Usipeten in nördlicher Richtung.[16] Vom Rhein aus ließ er einen Durchstich graben zum Ijsselmeer, den Drususkanal.[17] Auf diesem kürzeren Wasserweg konnte er mit Booten durch das Ijsselmeer die Nordsee erreichen. Der Nachschub für die Legionen sollte auf diesem Weg zur Ems-, Weser- und Elbemündung gebracht werden. Ganz anders als am Mittelmeer gab es hier Ebbe und Flut. Möglicherweise musste er eine Sturmflut erleben und einigen Schaden und Verluste hinnehmen. Das Heer zog auf dem Landweg am Wattenmeer und den friesischen Inseln entlang bis an die Mündung der Ems. Wahrscheinlich gelangte er bis zur Wesermündung und legte bei Bremen ein Kastell an. Mit Einbruch des Winters kamen die Legionen nach Castra Vetera zurück und überwinterten dort.

Im folgenden Jahr (11 v. Chr.) hatte Drusus offensichtlich seinen Plan aufgegeben. Die Route durch den Drususkanal als Nachschublinie zur Eroberung und Versorgung des vorgesehenen Elbelimes erschien zu unsicher. Der Weg über die Nordsee war zu gefährlich und als ständige Versorgungslinie ungeeignet.

Wieder ging es von Xanten über den Rhein. Mit den Usipeten lieferten sie sich ein kleineres Gefecht, die Chronisten vermerkten selbst kleinste Kämpfe. Dann setzten die Legionen bei Brechten (nahe Lünen) über die Lippe[18] und fielen in das Land der Sugambrer ein. Das heißt wohl, Siedlungen am Wege wurden niedergebrannt ohne nennenswerte Kämpfe. Ebenso glatt ging es weiter durch das Land der Cherusker über die Visurgis (Weser).[19]

Dieses zügige Vordringen von Drusus soll ein Krieg zwischen Sugambrern und Chatten ermöglicht haben, so berichtet Cassius Dio.[20] Vielleicht sahen die Sugambrer keine Chance für einen erfolgreichen Kampf gegen die Römer und hatten sich in bewährter Weise in unzugängliches Gebiet zurückgezogen.

Drusus hätte den Feldzug vermutlich weiter ausgedehnt, hätten seine Truppen noch Proviant gehabt. Er musste umkehren, weil die Legionen hungerten und Unruhen aufkamen.

Dieser Bericht des Cassius Dio[21] deckt sich recht gut mit denen von Florus[22] und Suetonius[23]. Daher können wir annehmen, im Großen und Ganzen haben sich die geschilderten Vorgänge so ereignet. Natürlich können wir nicht erwarten, dass die Schilderungen der drei Autoren alle für uns wichtigen Einzelheiten enthalten. Von den drei Historikern hat nur Cassius Dio einen Abriss der römischen Geschichte geschrieben, der mehrere Jahrhunderte umfasste. Florus' Darstellung ist eine Lobpreisung der Größe Roms und daher weniger ein historischer Bericht. Suetonius sah sich als Biograph der römischen Kaiser und schrieb daher aus wiederum einer anderen Perspektive. Da mussten sie sich auf das für sie Wesentliche beschränken, und doch teilten sie uns viele Details mit.

Aber zurück zu Verkehrswegen und Routenplanung. Die Germanen hatten kein Bedürfnis, Straßen anzulegen. Sie benutzten die trockenen Landrücken für ihren Handel und ihre Kriegszüge. Ein solcher uralter Handelsweg war der Haarweg, ebenso der alte Hellweg. Sie folgten der Wasserscheide, z. B. zwischen Lippe und Ruhr.

Die Legionen von Drusus hatten auf ihrem Marsch zur Weser die Lippe durchquert. Zwangsläufig mussten sie auf dem kürzesten Weg aus der schlammigen und moorigen Aue der Lippe auf festen Untergrund gelangen. Dieser festere Weg führte ein kurzes Stück auf einem flachen Landrücken nach Süden, dann östlich den Hellweg entlang und schließlich die Hänge des Teutoburger Waldes hinauf.

Eine marschierende Truppe kann eine gewisse Strecke morastige, tiefgründige Wege überwinden. Je mehr Soldaten mit schwerer Ausrüstung einen nassen Weg benutzen, um so tiefer sinken die folgenden ein und kommen immer langsamer voran. Ein Legionär hatte eine Ausrüstung (Waffen, Rüstung, Schanzgerät, Verpflegung, Wasser) von 20 bis 25 Kilogramm zu tragen und das über 20 bis selten 30 Kilometer am Tag. Im Heereszug wurden Maulesel als Packtiere sowie Pferde und Fahrzeuge, meistens zweispännige Pferdewagen, mitgeführt. Johannes Norkus[24] hat versucht, diese Zahlen für die drei Varuslegionen abzuschätzen. Er kam auf 33 900 Menschen, 12 800 Pferde und 3264 Wagen. Drusus hatte möglicherweise nur zwei Legionen im Zug. Die Zahlen könnten daher um ein Drittel niedriger gewesen sein. Es gehört wenig Vorstellungskraft dazu, die Legionen und besonders der Tross kamen nur sehr mühsam voran. An der Weser schließlich nach 250 bis 260 Kilometern Fußmarsch durch Sand und Schlamm ging es nicht mehr weiter. Die Truppe hungerte, weil der Nachschub im Morast steckenblieb. Von den Germanen konnten nur geringe Mengen Lebensmittel erbeutet werden, also waren die Römer auf sich gestellt. Drusus musste einsehen, dass ein weiteres Vordringen befestigte und sichere Transportwege erforderte.

Der Höhenweg hätte ausgebaut werden können. Er hatte aber eine Reihe von Nachteilen. Alle Versorgungsgüter mussten auf Maulesel oder recht kleine Pferdewagen geladen werden. Das erforderte bei ungefähr 20 000 römischen Legionären, einschließlich der Auxiliartruppen, einen ständig rollenden Zug von Tragtieren und Gespannen.[25] Entsprechend aufwändig wären der Bau und die Instandhaltung der Straßen gewesen. Das Eisen auf den Wagenrädern zermahlte jeden Straßenbelag zu Staub. Außerdem konnten die Legionäre aus den nahen Wäldern leicht angegriffen werden. Die Kastelle entlang der Strecke hätten Trinkwasser gebraucht. Auf Bergrücken gibt es nicht genügend Bäche und Quellen für Menschen und Tiere.

Die Legionen unter Drusus hatten im Jahr 12 v. Chr. den Drususkanal gegraben. Sie konnten mit Spaten umgehen und übten sich täglich aufs Neue. Jeden Tag auf Kriegszügen hoben sie zu ihrem eigenen Schutz eine Schanze aus. Deshalb kann ohne Zweifel angenommen werden, daß sie die Lippe zu einem funktionsfähigen Wasserweg ausgebaut hatten.[26] Die schwierigste Arbeit war das Freiräumen des Flusses von Schwemmholz und umgestürzten Bäumen. Am Ufer der ganzen Lippe entlang musste ein Treidelpfad angelegt werden, damit Treidelknechte oder Zugtiere die Lastkähne stromaufwärts ziehen konnten.[27] An mehreren Kastellen und Römerlagern entlang der Lippe (z. B. Haltern im Landkreis Recklinghausen) deuten typische Strukturen auf Hafenanlagen hin. Daneben existierten vermutlich sogar eigene, kleine Hafenkastelle am Ufer des Flusses.[28]

Der Transport mit Kähnen hatte sicher große Vorteile. Ohne große Kraftanstrengung konnten viele Ladungen von Pferdewagen befördert werden.[29] Regenfälle weichten die Straßen auf und machten sie unpassierbar. Dagegen konnte ein Wasserweg viel länger in den Herbst hinein und zeitiger im Frühjahr genutzt werden. Auch wenn ein Stück im oberen Flusslauf wegen des stärkeren Gefälles mühsamer wurde: Die längere Nutzungszeit wog den Nachteil bei weitem auf.[30]

Die Lippe in ihrem Unter- und Mittellauf vom Rhein bis zum Ort Anreppen (Delbrück-Anreppen im Landkreis Paderborn) floss nur mit einem mäßigen Gefälle, lediglich das Stück bis (Paderborn-)Schloss Neuhaus hatte eine stärkere Strömung. Auf diesem letzten schiffbaren Abschnitt mussten mehr Menschen oder Zugtiere die Kähne weiterziehen. Dieses Schleppen flussaufwärts oder Treideln kannten die Römer von Rhein und Mosel. Bei Schloss Neuhaus münden Alme und Pader in die Lippe. Bis zu dieser Stelle flussaufwärts stand genügend Wasser für die Schifffahrt zur Verfügung. Der schnell fließende Fluss transportierte viel Sand. Mit Hilfe der vielen Legionäre konnte die Fahrrinne leichter freigehalten werden, als es den wenigen Schiffern der späteren Jahre möglich war. Im Mittelalter und bis zur Neuzeit kamen sie nur bis Anreppen oder Kirchboke und luden dann auf Pferdewagen und Packtiere um.[31]

Entlang dem Nordufer der Lippe wurden die Kastelle angelegt im Abstand von 12 bis 13 römischen Meilen (18 bis 20 Kilometer). Diese Wegstrecke entsprach der Länge eines Tagesmarsches, der von den Legionären bewältigt wurde. Das Kastell »Oberraden« lag am südlichen Ufer der Lippe und wurde vielleicht aus diesem Grund im Jahr 8/7 v. Chr. aufgegeben. Für Reiter und Fußsoldaten, aber auch Wagen, wurde eine Straße zwischen den Kastellen gebaut. Sie war das ganze Jahr nutzbar, vielleicht schwere Pferdewagen ausgenommen. Diese Straße führte flussaufwärts bis zum Dorf Anreppen. Dem Dorf gegenüber, auf der anderen Seite der Lippe, gruben Archäologen ein Römerlager aus. Dort muss eine Brücke gestanden haben. Noch heute zeigt der Grundriss in der Mitte des Areals eine Lagerstraße, die zum Ufer führte. Etwa 700 Meter östlich der Anlage wurde ein Stück Römerstraße gefunden.[32] Diese Straße verlief im Abstand von wenigen hundert Metern entlang dem Südufer der Lippe auf einem leichten Hügelrücken. Sie setzte sich wahrscheinlich nach Osten fort und folgte wohl der Biegung der Lippe in südöstlicher Richtung. Die Archäologen erkannten die Straße an den beidseitigen Entwässerungsgräben im Abstand von etwa 25 römischen Fuß (ca. 7,20 Meter) und an den tiefen Eindrücken der Fahrspuren.[33]

Eigentlich hätte die Straße am Nordufer der Lippe weiter verlaufen müssen. Dieser Abschnitt war aber zu sumpfig. Aus den Sandflächen der Senne kamen nach jedem Regen große Mengen Wasser heran. Auf dem nur 10 Kilometer langen Stück zwischen Anreppen und Neuhaus flossen schon damals mehrere Gewässer, wie z. B. Roter Bach und Thune jeweils mit zahlreichen Nebenbächen, in die Lippe. Der Fluss war zu der Zeit noch nicht reguliert. Er strömte sehr viel langsamer, entsprechend träger waren natürlich die Bäche und daher morastig das ganze Gebiet. Dort entlang eine Straße zu bauen, war nicht sinnvoll.

Die Landstraße, auf der die marschierenden Legionen entlangzogen, musste am Zusammenfluss von Lippe und Alme wieder den Fluss überqueren, nun aber am Ende des Wasserweges. Das Erdreich in diesem Bereich besteht aus Kies und Sand und ist daher für eine Furt weniger günstig. Wir können daher zu Recht vermuten, dass mit großer Wahrscheinlichkeit die Römer hier eine Brücke über die Lippe bauten.

Selbstverständlich lag an dieser Stelle ein Hafen zum Umladen der Frachten auf Pferdewagen und Tragtiere. Nicht immer konnte eine Schiffsladung gleich weiterbefördert werden. Sie musste zwischengelagert werden, aber sie blieb bestimmt nicht ohne Schutz im Freien liegen. Der Wilhelmsberg (bei Schloss Neuhaus) muss der Ort für ein weiteres Kastell an der Lippe gewesen sein. Dort könnten sich die Magazine zum Lagern der Schiffsfrachten befunden haben.[34] Von dort führte der direkte Weg, ohne Schloss Neuhaus und Paderborn zu berühren, am Nordufer der nun viel schmaleren Lippe entlang nach Schlangen und auf die Höhe des Teutoburger Waldes. Ein langgestreckter trockener Sandrücken bot sich für den Straßenbau an.

Weil nun alles mit Tragtieren und Pferdefuhrwerken weiter-

befördert werden musste, baute man die Straße fester und sorg-
fältiger, um der erhöhten Belastung standzuhalten. Sie führte
wahrscheinlich über Schlangen[35], über den Kreuzkrug, Horn
und Schieder und stieß schließlich bei Kirchohsen, etwa 8 Kilometer südlich von Hameln, auf die Weser. Die Weser entlang
bestanden auf beiden Seiten Römerlager oder Kastelle, die versorgt werden mussten. Bisher wird die Lage der Kastelle auf
Grund von Fotos aus Flugzeugen und auf Satellitenaufnahmen
vermutet.[36] Grabungen von Archäologen fanden bis jetzt noch
nicht statt. Daher ist es zur Zeit nicht möglich zu sagen, ob die
zahlreichen vermuteten Plätze 9 n. Chr. noch genutzt wurden
und welche strategische Funktion sie hatten. Zwischen Hameln
und Minden fanden mehrere Kämpfe statt, besonders während
der Feldzüge von Germanicus in den Jahren 15 und 16 n. Chr.
Die Zuordnung der verschiedenen Schanzen kann erst durch
Grabungsfunde erfolgen und die bestehende Verwirrung auf-
lösen.

Auf der ganzen Strecke ihres Versorgungsweges vom Rhein
bis zur Weser mussten die Römer immer wieder mit Überfällen
der benachbart lebenden Usipeten, Brukterer, Sugambrer, Marser und Cherusker rechnen (siehe Abb. 1, vorderer Umschlag[37]).
Selbst die Chatten aus dem Raum Fritzlar und Kassel lockte
Beute aus römischem Besitz. Auf ihren Märschen brauchten
die Truppenverbände den Schutz der Kastelle entlang der Lippe
und durch den Teutoburger Wald bis an die Weser. Gleichzeitig
lagen Häfen in der Nähe der Kastelle. Sie sicherten die Schiffe, die über Nacht festmachten, geschützt hinter Palisaden. Die
Schiffer mit ihren Zugtieren zum Treideln und die bewaffneten
Transportbegleiter konnten gefahrlos übernachten. So war die
ganze Distanz vom Rhein bis zur Weser abgesichert und konnte
rationell als Transportweg genutzt werden. Für die Strecke an
der Lippe bis Neuhaus ist der Begriff »Lippe-Linie« üblich geworden, der Fluss und Straße einschließt.

Der letzte Hafen an der Lippe: Aliso

Am Ende eines wichtigen Wasserweges muss ein bedeutendes Kastell gelegen haben. Ein größeres Lager wohl, stärker befestigt zur Verteidigung des Hafens und der wertvollen Güter. Es war mit mehr Truppen besetzt und dadurch bekannter als alle sonstigen festen Plätze auf der Strecke.

Cassius Dio überlieferte uns den Namen und nannte Aliso »eine Zwingburg am Zusammenfluß von Lupias und Elison.«[38] Im gleichen Absatz bezeichnete er Mainz (Castra Mogontiacum) ebenfalls als Zwingburg. Damit gibt er den Hinweis, dass Aliso ähnlich groß und etwa gleich stark befestigt gewesen sein muss. Mainz war ein Mittelpunkt zur Römerzeit für den ganzen Rheingau bis etwa Koblenz und für die Wetterau bis nach Hanau. Castra Mogontiacum war also ein wichtiges Kastell und mit einer Landeshauptstadt vergleichbar.

Ob wir den Begriff »Zusammenfluss« so feinsinnig und geografisch exakt auslegen dürfen wie beim Zusammenfluss von Werra und Fulda? Zusammenfluss bedeutet, zwei etwa gleich starke Flüsse kommen zusammen. Wenn ein kleinerer Fluss auf einen größeren trifft, spricht man von Mündung. Am ganzen Lauf der Lippe fließen nur schwächere Gewässer in den Hauptfluss. Nur an einer Stelle kann von einem Zusammenfluss die Rede sein. Bei Schloss Neuhaus erscheint die Alme zusammen mit der kurz zuvor aufgenommenen Pader ähnlich stark wie die (obere) Lippe. Nur hier gilt zu Recht das Wort „Zusammenfluss". Im Lateinischen wird durchaus ein Unterschied zwischen »münden« (influere) und »zusammenfließen« (confluere) gemacht. Cassius Dios Werk ist in (Alt-)Griechisch überliefert. Er wertete die römischen Archive des Senats aus, die in Latein verfasst waren. Das Altgriechische unterscheidet ebenso mit verschiedenen Worten zwischen »münden« und »zusammenfließen«.[39] Cassius Dio wird diesen Begriff zur Ortsbeschreibung bewusst verwendet haben.

Die Lippe hieß bei den Römern »Lupia«. Merkwürdig ist der von Cassius Dio gebrauchte Namen »Elison«. Eine eigene Namensgebung durch die Römer erscheint unwahrscheinlich. Viel eher dürften die Römer vorhandene Ortsbezeichnungen von den ortsansässigen Germanen übernommen haben. Mit Ortsnamen, die scheinbar nach 2000 Jahren noch fortbestehen, sollte man sehr zurückhaltend umgehen. Trotzdem verlockt die große Ähnlichkeit im Sprachklang zu spekulativen Überlegungen. So klingt Elsen (= Paderborn-Elsen) und Alme (Fluss) sehr ähnlich. Nicht selten tragen Flüsse und Orte an ihrem (Unter)Lauf oder an ihrer Mündung gleiche Namen. In dieser Region wachsen häufig viele Erlen entlang der Flüsse und Bäche. In Norddeutschland wurde die Erle in alten Schriften »alisa« oder »alira« genannt. Der Plural dazu lautete »aliso« oder »aliro«[40]. Erlenbach kann regional zu Erlsen geworden sein. Durch schnelles und häufiges Sprechen kann sich daraus Ellsen und Elsen bilden. Der dortige Sprachgebrauch benutzt das kurze »e«, bei Hannover wird Elsen mit langgedehntem »e« (Eelsen) gesprochen. Der Ellerbach mündet in den Oberlauf der Alme. Auch dieser Name wird die gleiche Wurzel haben.

Ebenso erscheinen »Elison« und »Elsen« sehr nahestehend, ähnlich auch der Name für das Kastell Aliso. Wie kann man ein Kastell nennen, das bei dem Ort Elsen liegt? Elsen ist als Siedlungsplatz bestimmt älter als die römische Periode. Dieses Dorf nahe der Römerstraße war das größte im Umkreis von 3 bis 4 Kilometern. Es war sicherlich der Namensgeber für das Kastell, das nur 500 bis 700 Meter vom Ortskern entfernt lag.

Elsen als Ort eines Kastells ist weniger vorstellbar. Das Dorf liegt zu weit von der Lippe entfernt. Außerdem ist die geballte militärische Macht am Ort des wichtigen Entladehafens besser platziert als fern vom Ufer und abseits der weiterführenden Straße. Außerdem dürfte am Wilhelmsberg die Versorgung mit Frischwasser für 700 bis 800 Legionäre einfacher gewesen sein.

Die Überlegungen erscheinen zwingend in ihrer Logik. Doch ist es mehr als scheinbar logisch? Wie sieht es vor Ort aus? Vor einigen Jahren hat Bökemeier[41] Luftbildaufnahmen der Royal Air Force aus dem Zweiten Weltkrieg ausgewertet. An genau der richtigen Stelle findet er einige ringförmige Wallanlagen, die sich südlich an den Wilhelmsberg anschließen. Heute sind einige davon durch Häuser überbaut. Der Wilhelmsberg ist mit Bäumen überwachsen, hauptsächlich mit Kiefern. Sie verhinderten den Blick von oben auf mögliche Bodenstrukturen. Bei einer Ortsbesichtigung fand er eine Fortsetzung des gefundenen Walls. Diesem Wall vorgelagert zeichnet sich streckenweise ein Doppelgraben ab. Von der Lippe her führt ein Fahrweg über die Gräben hinweg und schneidet den Wall an einer besonders hohen Stelle. Das könnte ein Lagertor gewesen sein. Der Weg verläuft geradlinig ostwärts und erscheint als Fortsetzung der Römerstraße in Richtung des Ortes Schlangen.

Der gefundene Platz erfüllt durchaus die Bedingungen für den Bau eines Legionslagers. Die Römer bauten ihre Kastelle nach anderen Gesichtspunkten und darum an anderen Stellen als 600 Jahre später die Ritter ihre Burgen. Das Gelände musste flach und übersichtlich sein für die kasernenartigen Unterkünfte der Legionäre. Reichlich frisches und sauberes Wasser musste vorhanden sein. Die Römer konnten mit umfangreichen Schanzarbeiten die ungünstige strategische Lage eines Kastells in einem flachen Land durchaus wettmachen und waren nicht unbedingt auf die Vorteile eines steilen Berges angewiesen. Ihre Befestigungsanlagen mit mehrfachen Gräben, Fallgruben, spitzen Pfählen, Palisaden und noch weiteren schmerzhaften Hindernissen hatten sie seit Jahrhunderten raffiniert verbessert und die Methoden der Verteidigung weiter verfeinert. Sie behaupteten sich dadurch erfolgreich gegen die typischen Einzelkämpfer der Germanen und deren Art der Kriegsführung. Aliso war der beste Beweis für die Überlegenheit der Römer im Festungsbau.

Der ovale Hauptwall schließt nach Berechnung von Bökemeier eine Fläche von 20 Hektar[42] ein. So viel ist jetzt noch sichtbar oder kann mit einiger Gewissheit abgeschätzt werden. Das wäre genug Lagerplatz für etwa sieben bis acht Kohorten gewesen. Doch die ovale Form des Kastells wirft Fragen auf. Die Römer hatten ihre Kastelle meistens in einer rechteckigen Form angelegt. Charakteristisch sind bei diesem Standard die abgerundeten Ecken in einem immer wiederkehrenden Muster. Diese Struktur ist typisch für ein Kastell, das für einen dauerhaften Gebrauch angelegt wurde. Marschlager jedoch für eine Nacht oder wenige Tage wurden einfach mit einem runden bis ovalen Wall geschützt. Da musste nicht erst aufwändig vermessen werden, wie lang und wie breit gegraben werden sollte. Nach Augenmaß konnten die Schanzarbeiten gleich beginnen.

Das Kastell war aber ein wichtiger Stützpunkt. Er müsste also die reguläre, rechteckige Form mit den abgerundeten Ecken gehabt haben. Wie kann der ovale Wall erklärt werden? Auf seinem Weg von der Weser nach Castra Vetera geriet im Jahr 11 v. Chr. Drusus' Zug in große Gefahr. Er wurde von Germanen in einer »engen Talschlucht eingeschlossen« und beinahe vernichtet. Zwischen Weser und Rhein gibt es nur im Teutoburger Wald »enge Talschluchten«. Diese Schlucht lag, so berichtet uns Cassius Dio, bei »Arbalo«. Diesen Platz hat man bisher nicht lokalisieren können. Weiter im Text heißt es: »[Drusus legte] eine Zwingburg am Zusammenfluß von Lupias und Elison« an. Sein Weg muss wohl vom Teutoburger Wald herunter über den Ort Schlangen geführt haben. Sein Heereszug ist dann auf die Lippe gestoßen. Nun mussten erst eine Brücke über den Fluss und auf beiden Seiten Knüppeldämme für die Fahrzeuge gebaut werden. Die Legionen lagerten hier wohl länger, um sich wieder zu ordnen nach dem heftigen Kampf die Wunden zu verbinden und sich etwas zu erholen. Daher schanzten sie umfangreicher und vor allem in großer Eile, weil ein weiterer Überfall der Germanen zu erwarten war. Das Lager wurde nicht erst umständlich im Rechteck vermessen, sondern das Ausheben des Schutzwalles begann sofort.

Beim späteren Ausbau des Platzes zum Kastell war die vorhandene Schanze willkommen. Außerdem schloss sie einen kleinen Bach mit gutem Wasser ein, den Krebsbach[43]. Der Name deutet auf ein sauberes, trinkbares Wasser hin. Im Innern des Lagers konnten Brunnen angelegt worden sein, die in wenigen Metern Tiefe an das Grundwasser aus der Senne heranreichten. Gerade diese vermuteten Brunnen können heute noch Archäologen ergraben und fachgerecht auswerten.

Das Areal des Kastells Aliso war etwas größer als Kastell Haltern, aber kleiner als Castra Vetera bei Xanten. Der gefundene Doppelgraben vor dem Wall weist auf eine starke Befestigung des Kastells hin. Die Lage in der Ebene ohne Geländevorteile durch einen Berg oder Felsabbrüche verlangten massive Schanzen. Ein solcher Aufwand ist nur dann sinnvoll, wenn es wirklich Wertvolles zu schützen gibt. Gleich in mehreren Quellen wird überliefert, dass die Germanen im Zuge der Varusschlacht alle Kastelle erobern konnten, nicht aber Aliso.[44] Dieser Platz war nicht nur sehr gut befestigt, sondern hatte auch eine große Besatzung, die vielen Feinden trotzen konnte. Außerdem waren umfangreiche Vorräte vorhanden, die den Eingeschlossenen ein langes Überdauern ermöglichte.

Zur Zeit von Varus im Jahr 9 n. Chr. gab es im Land keine Anzeichen für einen Krieg. Ein vorausschauendes Anhäufen von Versorgungsgüter, weil ein Angriff lange erwartet wurde, kann ausgeschlossen werden. Auf der langen Strecke von Castra Vetera bis zur Weser wurde besonders dieser Bereich am Ende des schiffbaren Flusses genutzt, um größere Vorräte zu lagern, nämlich an dem Umschlagplatz vom Fluss zur Straße. Das nahe Römerlager Anreppen war wohl ebenfalls für einen Teil dieser Funktion vorgesehen[45]. Es hatte mit 23,5 Hektar Fläche eine ähnliche Ausdehnung wie Schloss Neuhaus/Wilhelmsberg. Die Größe könnte sich daraus erklären, dass im Winter 4/5 n. Chr. dort eine Legion von Tiberius lagerte. Sie baute eine starke Wallanlage mit einem Doppelgraben. Zumindest bis zum Jahr 6 n. Chr. wurde an ihr gebaut, weil sich Holzteile zuverlässig datieren ließen. Aus den ergrabenen Münzen konnte noch kein bestimmtes Jahr ermittelt werden. Über die zeitliche Aussage dieser wichtigen Informationsquelle konnten sich die Experten noch nicht einigen.

Von Tacitus kommt noch ein Hinweis für die Lage von Aliso und des Sommerlagers. Nachdem der Legat Stertinius im Auftrag von Germanicus das Land der Brukterer verwüstet hatte, zog das »[…] Heer weiter bis zur äußersten Grenze der Brukterer, und das ganze Gebiet zwischen den Flüssen Amisia und Lupia […] wurde verwüstet.«[46] Die Römer rächten sich für die Beteiligung der Brukterer an der Varusschlacht. Die Brukterer wohnten nördlich der Lippe und östlich bis an den Höhenzug des Teutoburger Waldes. Aus Sicht der Römer, die von Xanten (Castra Vetera) aus der Lippe entlang nach Osten blickten, wohnten die äußersten Brukterer am Westrand des Teutoburger Waldes.

Die gleiche Gegend bezeichnet die Bemerkung »zwischen den Flüssen Amisia (Ems) und Lupia (Lippe)«. Etwa 12 Kilometer voneinander entfernt liegen die Quellen von Ems und Lippe. Eine längere Strecke fließen beide Flüsse fast parallel nach Westen, dann wendet sich die Ems nach Norden. Dieses Wohngebiet der Brukterer wurde jetzt verwüstet. Damit ist noch einmal das Gebiet zwischen dem Kamm des Teutoburger Waldes und Paderborn mit der nördlich anschließenden Senne bezeichnet.

Auf den ersten Blick wurde zu viel Mühe auf die Suche nach Aliso verwendet, aber das scheint nur so! Die Lage von Kastell Aliso bestimmt den Ort der Varusschlacht. Dorthin flohen während und nach der Varusschlacht die überlebenden Legionäre und konnten sich dadurch retten.[47] Eine solche Flucht richtet sich auf das nächstgelegene Kastell, nicht auf ein entfernter gelegenes. Die Kastelle waren alle im Abstand von etwa 20 Kilometern errichtet worden. Also lag der Platz der Varusschlacht höchstens 20 Kilometer von Aliso entfernt. Nur Aliso konnte dem Ansturm der Germanen widerstehen. Alle anderen Kastelle wurden von ihnen erobert oder von den Römern (fluchtartig) aufgegeben, wie die Ergebnisse der Ausgrabungen vom Lager Anreppen vermuten lassen und nahelegen[48]. In anderen Lagern wären die Geflohenen mit der Kastellbesatzung untergegangen. Kein anderes Kastell kommt daher für die Suche in Frage. Zur Bestimmung des Ortes der Varusschlacht kann um »Wilhelmsberg« und Schloss Neuhaus ein Kreis mit 20 Kilometern Durchmesser gezogen werden. In diesem Umkreis muss die Schlacht stattgefunden haben.

Einen anderen unmittelbaren Hinweis auf die Nähe von Aliso und dem Schauplatz der Varusschlacht erhalten wir von Tacitus.[49] Das wieder aufgebaute Kastell Aliso wurde 16 n. Chr. von Germanen belagert. Vor oder während der Belagerung hatten sie den Altar zum Andenken an Drusus und den Grabhügel für die gefallenen Varuslegionen im ehemaligen Sommerlager[50] von Varus zerstört. Erst im Jahr zuvor hatte Germanicus beides auf dem Platz der Varusschlacht errichtet.[51] Mit seinen Legionen rückte Germanicus an, aber die Belagerer zogen sich rechtzeitig vor einem Kampf zurück. Im Zuge dieser Aktion baute Germanicus[52] den Altar zu Ehren von Drusus wieder auf. Den Grabhügel der Legionen richtete er nicht wieder her.

Daraus wird zweierlei deutlich:

- Die Varusschlacht fand nicht innerhalb von Kastell Aliso statt. Sonst hätten die Germanen nicht an die Gedenkstätten herankommen können, um sie zu zerstören.

- Beide Örtlichkeiten, Aliso und das Schlachtfeld, lagen nahe beieinander. Sie waren zwar nicht einen Steinwurf weit voneinander entfernt, aber sehr viel näher als einen Tagesmarsch von 20 Kilometern. Andernfalls wäre in dem Bericht die Entfernung nicht so nebensächlich behandelt worden.

Der junge Cheruskerfürst Arminius

W er war der Cheruskerfürst? Welchen Antrieb hatte er für seine mutige Tat?

Die Römer nannten ihn Arminius. Der Name war ihnen geläufig und sie konnten ihn ohne Mühe aussprechen. Nirgendwo gibt es einen Hinweis auf seinen germanischen Namen, der »Herrmann« gewesen sein mag, wenn man vom naheliegenden Sprachklang ausgeht. Historiker und Sprachwissenschaftler diskutieren diese Frage kontrovers und vermuten, daß diese frühere Ansicht wohl nicht zutrifft.

Im Jahr 19 v. Chr. wurde er geboren.[53] Sein Vater war der Cheruskerfürst Sigimer[54]. Als Arminius noch ein Kind war, drang Drusus in das nahe Land der Sugambrer ein und verwüstete es. Näher am Rhein wohnten die Tenkterer und Usipeten, sie wurden unterworfen. Danach schlossen die Cherusker ein Bündnis auf Leben und Tod mit den Sueben und den Sugambrern. Um diesen Bund zu besiegeln, kreuzigten sie zwanzig römische Offiziere (Centurionen), die bei den Sugambrern Steuern eintreiben wollten.[55] Im folgenden Sommer (11 v. Chr.) wird der achtjährige Arminius wohl zum ersten Mal die römischen Legionäre gesehen haben. Sie durchzogen sein Heimatland bis zur Weser, kehrten dann aber wieder um und marschierten zum Rhein zurück.

Als er etwa 11 Jahre alt war, hörte er sicherlich die erregten Diskussionen der Erwachsenen über eine ganz niederträchtige Tat von Augustus. Der römische Feldherr, damals war er noch kein Kaiser, ließ Gesandte der Sugambrer gefangennehmen. In den Gefängnissen töteten sie sich selbst aus Verzweiflung, weil sie nie mehr in Freiheit kommen sollten.[56] Ihrer Fürsten und Führer beraubt, vertrieb Augustus 40 000 Sugambrer aus ihrem Land und siedelte sie auf dem linken Rheinufer wieder an. Die heilige Unantastbarkeit von Gesandten, die schon damals galt, hatte er schamlos missachtet.

In den folgenden Jahren wurden die Kämpfe gegen die Römer immer heftiger. Schließlich im Jahr 1 n. Chr. gab es einen offenen Aufstand der Germanen (»immensum bellum«). Die Römer blieben Sieger. Doch auf der rechtsrheinischen Seite gab es im Bereich der Lippe keinen festen Standort der Römer mehr. Das wurde anders, als 4 n. Chr. der energische Tiberius nach Germanien zurückkehrte. Er schlug die Stämme der Canninefaten, Attuarier und der Brukterer.[57] Die Brukterer waren die westlichen Nachbarn der Cherusker. Sie saßen westlich des Teutoburger Waldes an den Quellflüssen von Lippe und Ems bis zum Mittellauf der Lippe.(siehe Abb. 1, vorderer Umschlag)

Arminius' Vater, Sigimer, hatte mit den Römern einen Vertrag als Bundesgenosse geschlossen.[58] Diese kluge Diplomatie des Stammesfürsten der Cherusker bewahrte sein Volk vor Kampf und Vernichtung der Habe. Als Gegenleistung verlangten die Römer Hilfe durch ihre neuen Bundesgenossen bei der Eroberung des übrigen Landes. Sie bestand aus Kämpfern mit Waffen und Pferden. Tributzahlungen wurden grundsätzlich nicht von Bundesgenossen verlangt. Sie wurden als freie Partner betrachtet, denen keine Abgaben in Form von Gold, Silber, Metallen oder Korn, Fellen, Pferden und Schlachttieren aufgebürdet wurden. Diese Lasten hatten besiegte und damit unterworfene Germanenstämme zu tragen.

Zur Absicherung der Verträge forderten die Römer Fürstengeiseln. Aus fürstlichen und vornehmen Familien wurden Söhne an die Römer übergeben. Sie lebten mit den Römern zusammen, lernten ihre Sprache und Gewohnheiten kennen. Manchmal lernten sie sogar lesen und schreiben. Trotzdem waren sie ein lebendes Pfand, um die Vertragstreue zu festigen. Wurde der Vertrag gebrochen, drohte Hinrichtung oder Verbannung, z. B. als Rudersklaven auf Galeeren. So kamen Arminius im Alter von 22 Jahren und sein jüngerer Bruder Flavus zu den Römern.

In einer Legion wurde Arminius im Reiterkampf ausgebildet. Später nutzten die Römer die Autorität des Fürstensohnes, um im Verband der Auxiliartruppen die cheruskischen Reiter zu leiten und zu kommandieren. Dieses Kontingent junger Reiter schulte er in römischer Kampftaktik. Sie übten in Formationen zu reiten und zu kämpfen. Dabei gewöhnten sie sich an ihren Befehlshaber Arminius. Sie erfassten bald den Sinn seiner Winke und Handzeichen, wohin sie sich wenden sollten, und lernten seine Anweisungen über ihre natürliche Eigenwilligkeit zu stellen.[59] Arminius verstand es offensichtlich, ihr Vertrauen zu gewinnen, und hatte bald zuverlässige Freunde unter ihnen. Jedes Jahr im späten Herbst kehrte diese Truppe in die Heimat zurück und überwinterte bei ihren Familien. Im Frühjahr wurde sie teilweise wieder neu aufgestellt. Auf diese Weise gewann Arminius eine steigende Zahl Cheruskersöhne, die bestens in modernster Taktik ausgebildet waren. Die Römer wussten diese Auxiliartruppe auf ihren Kriegszügen vielfach einzusetzen. Arminius errang Achtung und Anerkennung bei den Römern. Schließlich wurde er zum Ritter (equestris) ernannt.[60]

Während ihres Lebens unter Römern lernten Arminius und Flavus die lateinische Sprache sprechen.[61] Die Gewohnheiten der Legionen, der Legionäre und ihrer militärischen Führung erfuhren sie aus eigenem Erleben. Velleius Paterculus muss Arminius begegnet sein, denn er schrieb: »Es gab damals einen jungen Mann aus vornehmem Geschlecht, der tüchtig im Kampf und rasch in seinem Denken war, ein beweglicherer Geist, als es die Barbaren gewöhnlich sind. Er hieß Arminius und war der Sohn des Sigimer, eines Fürsten jenes Volkes. In seiner Miene und in seinen Augen spiegelte sich ein feuriger Geist.«[62] Diese lobende Beschreibung eines Römers bedeutete ein großes Kompliment. Unter den vielen seiner Landsleute stach er hervor. Seine »Historia Romana« (Römische Geschichte) schrieb Velleius 29 oder 30 n. Chr.[63] Etwa 20 Jahre früher hatte er den jungen Fürsten kennengelernt und noch immer war er von ihm beeindruckt. Außerdem fällt seine Fairness auf, denn er gibt eine positive Beschreibung, obwohl Arminius den Römern eine bittere Niederlage zugefügt hatte. Vielleicht war es mit der Fairness gar nicht so weit her, denn auch Eigenliebe könnte mit im Spiel gewesen sein. Wer lässt sich schon gern von einem Dummkopf besiegen?

Vermutlich 7 n. Chr. starb Arminius' Vater, der Cheruskerfürst Sigimer.[64] Nun kehrte Arminius in sein Land zurück. Als Fürst übernahm er die Herrschaft über seinen Stamm. In dieser Zeit wird er wohl Thusnelda kennengelernt haben. Ihr Vater, Segestes, war der Fürst eines benachbarten Cheruskerstammes und hatte für seine Tochter eine andere Heirat vorgesehen, ja sie bereits schon verlobt. Er konnte nicht verwinden, dass Arminius seine Pläne durchkreuzte und später viel angesehener, verehrter und mächtiger wurde. Der Bruder von Arminius lebte weiter unter den Römern und kam mit Germanicus' Heer in seine Heimat.[65]

Im gleichen Jahr 7 n. Chr. kam Varus nach Germanien mit dem Auftrag, das Land in eine römische Provinz zu verwandeln. Er ließ ein Sommerlager mitten in Germanien errichten. Arminius begleitete häufig den neuen Feldherren und hielt sich in seiner Nähe auf. Für ihn war es wichtig, die Vorhaben und die Gewohnheiten von Varus kennenzulernen. Eigentlich hätte er nach germanischem Rechtsverständnis den Bündnisvertrag mit den Römern erneuern müssen. Nach dem Tod seines Vaters war das Abkommen aus germanischer Sicht erloschen, weil einer der Vertragspartner gestorben war. Sein Vater Sigimer hatte dem Bündnis zugestimmt. Er versprach für sich, den Vertrag einzuhalten, solange er lebe. Seine Stammesältesten bekräftigten die Gültigkeit auch für sie, solange ihr Häuptling lebe. Nach dem Tod ihres Fürsten waren sie von dem Versprechen frei.[66]

Eine andere Auffassung hatte das römische Recht. Der Cheruskerfürst hatte stellvertretend für sein Volk das Abkommen geschlossen. Für die Römer war der Cheruskerstamm der Vertragspartner, nicht die Person Sigimer. Diese Rechtsauffassung setzt sich noch heute fort bei Staatsverträgen zwischen verschiedenen Nationen. Manchmal weiß man kaum noch, welcher Staatsmann unterschrieb, ob er noch lebt oder noch das Amt innehat, aber der Vertrag gilt.

Warum Arminius den Vertrag als Bundesgenosse der Römer nicht erneuerte, wissen wir nicht. Wir können nur annehmen, dass er inzwischen die Vertragstreue der Römer anders einschätzte. Sie schlossen manches Mal ein Abkommen mit dem festen Vorsatz, es bei passender Gelegenheit zu brechen. Wer wollte schon die stärkste Staatsmacht der damaligen Welt zur Rechenschaft ziehen? Für die Germanen galt ein anderer Treuebegriff. Wahrscheinlich wollte der junge Fürst sich nicht durch ein gegebenes Wort binden.

Die Cherusker wurden nicht lange gefragt, ob ihnen die größer werdenden Standorte der Römer in ihrem Land langsam unangenehm und die häufige Gegenwart von Legionen unheimlich wurden. Das Straßennetz und die Kastelle ließ Varus immer besser ausbauen. Die Germanen lebten mit einer erheblichen und immer größer werdenden Bedrohung mitten in ihrem Stammesgebiet.

Varus in Germanien

Publius Quintilius Varus wurde 7 n. Chr. von Kaiser Augustus nach Germanien entsandt, um im rechtsrheinischen Gebiet bis zur Elbe eine befriedete römische Provinz einzurichten. Er war damals etwa 53 Jahre alt, um 46 v. Chr. geboren. Velleius Paterculus charakterisierte ihn »[...] mehr an müßiges Lagerleben als an den Felddienst gewöhnt.«[67] Eigentlich kann man nichts anderes erwarten, im Alter von 53 Jahren schläft auch der erfolgreichste Feldherr nicht gern auf harten und unbequemen Feldbetten.

Für Rom hatte er als hoher Beamter und Procurator in Nordafrika gewirkt. Danach wurde ihm die unruhige Provinz Syrien anvertraut. Einen Aufruhr in Jerusalem schlug er mit Härte nieder und ließ 2000 Aufständische ans Kreuz nageln. Unschuldige, denen nichts nachzuweisen war, ließ er jedoch frei. Die Grundlage dazu gab ihm das römische Besatzungs- und Kriegsrecht. Er liebte es, Recht zu sprechen. Varus glaubte offensichtlich, dass das Befolgen von Rechtsnormen Frieden schafft zwischen den Bewohnern eines Landes und dem (römischen) Staat. In Syrien muss er sein Amt zufriedenstellend erfüllt haben, sonst hätte ihm Kaiser Augustus nicht die schwere Aufgabe in Germanien angetragen.

Varus entstammte einer »mehr bekannten als vornehmen Familie«.[68] Er hatte ein ruhiges Wesen und handelte eher bedächtig. »An Körper und Geist wenig regsam« soll er gewesen sein. Das lässt auf eine gewisse Körperfülle schließen. Die macht natürlich unbeweglicher, aber dumm war er gewiss nicht, eben nur bedächtiger. Er liebte den Luxus und den konnte er sich leisten. Während seines Aufenthaltes in Nordafrika hatte er einigen Reichtum erworben. Bei Hildesheim hatte man einen Silberschatz gefunden, der ihm gehört haben könnte. Der umfangreiche Schatz besteht aus Tafelgerät, das im Stil der Zeit

von Augustus gefertigt wurde. Ursprünglich hatten wohl mehr
als doppelt so viele Teile dazu gehört, denn irgendwie wirkt der
Fund unvollständig. Anscheinend ließ er dieses kostbare Ser-
vice in die Mitte des Barbarenlandes bringen. Weit weg von
Rom wollte er etwas von dem schönen aufwändigen Leben der
vornehmen Familien genießen und um sich haben. Seiner Umgebung wollte er Reichtum zeigen und vielleicht genoss er den
Neid der Ärmeren.

Wer nicht zu den Vornehmsten des Landes gehört, stellt seinen Reichtum zur Schau, um sich ebenbürtig zu fühlen. In der
Überlieferung wird von Velleius Paterculus angedeutet, Varus
habe das Geld nicht verachtet.[69] Das ist keineswegs überraschend: Wer für viele Jahre eine gefährliche Mission weit weg
von Rom übernimmt, will und kann bestimmt einiges für sich
abzweigen.

Überheblichkeit kann zu schlimmen Fehleinschätzungen
führen. Velleius schrieb: »Als er Oberbefehlshaber des Heeres
in Germanien wurde, bildete er sich ein, die Menschen dort
hätten außer der Stimme und den Gliedern nichts Menschenähnliches an sich [...].«[70] Varus konnte sich nicht vorstellen,
wie diese Wesen den Legionen des mächtigen Rom gefährlich
werden sollten. Er glaubte, durch seine Rechtsprechung würden die Germanen zu einem friedlichen Zusammenleben mit
den Römern finden. War ihm entgangen, dass die Germanenfürsten in ihrem Volk als Richter und Schlichter regelrechte
Gerichtstage abhielten? Unter Gerichtslinden saßen die Fürsten
mit den Ältesten des Stammes zur Seite und ließen sich von
ihnen bei schwierigen Fällen beraten. Das Recht war nicht nie-
dergeschrieben, aber die ziemlich einfachen Grundsätze waren
im Alltag lebendig. Die Rechtssprechung und die Achtung, die
dem Landesherrn entgegengebracht wurde, gehörten als Einheit zusammen.

Viele der römischen Rechtsgrundsätze verstanden die Germanen nicht, sie waren ihnen fremd und kompliziert. Besonders die Strafen empfanden sie als zu streng und ehrenrührig. Bei den Auspeitschungen schmerzten nicht nur die Schläge, sie verletzten die Ehre eines freien Mannes. Peitschenhiebe oder Stockschläge waren eine tiefe Demütigung und eine unauslöschliche Schande für einen freien Germanen. Er wurde dadurch wie ein Sklave behandelt. Begehrte er dagegen auf, sah das Varus als Aufstand eines Unterworfenen an und verhängte härteste Sanktionen bis hin zur Todesstrafe.

Die Römer fanden nichts dabei, zu lügen und trickreich jemanden zu hintergehen. Sie lachten über den Dummen, der auf ein gegebenes Wort vertraute und schließlich betrogen wurde.[71] Varus selbst brach den Vertrag mit den Cheruskern und verlangte für Rom Tribut von ihnen. Nach römischem Recht waren die Cherusker noch Bundesgenossen, denn sie hatten sich an die Abmachungen gehalten. Sie waren unbesiegt und damit Freie, die sich keiner Tributpflicht beugen mussten. Durch die Forderung von Abgaben hatte Varus den Bündnisvertrag glatt gebrochen. Dieses Vorgehen hatten die Römer von Anfang an beabsichtigt. Der Bündnisvertrag mit den Cheruskern war eine geplante Täuschung. Alle Völkerschaften im römischen Machtbereich hatten für das Wohlergehen Roms Steuern zu entrichten, wenn sie sich dem Zwang der Militärmacht nicht entziehen konnten.

Den Cheruskern, besonders Arminius, war bewusst, dass sie gegen drei Legionen tief im Innern ihres Landes und in ihrer Nähe keinen Krieg anfangen konnten. Auf den Kriegszügen der Römer hatten sie erlebt, welche Kampfkraft die Militärmacht entfalten konnte. Sie hatten mit angesehen, wie hart Unterlegene und wie brutal Aufständische behandelt wurden. Sie wussten von dem Kampf der Gallier 52 v. Chr. in Alesia. Unter schweren Verlusten siegten die römischen Legionen gegen eine vielfache Übermacht. Einen solchen aussichtslosen Krieg wollte Arminius auf keinen Fall führen, doch er wollte frei bleiben. Die Fürsten der Cherusker waren über den Verlust ihrer Selbständigkeit mit Bitterkeit erfüllt.[72] Segestes war einer der älteren Führer. Er wollte sich unter die Herrschaft der Römer lieber beugen, als die Härte eines Krieges auf sich zu nehmen. Wie er dachten sicherlich noch andere Fürsten. Aber Arminius hatte erfahren, dass die Römer unersättlich waren mit ihren Tributforderungen. Wurden Ablieferungen in einem Jahr erbracht, erhöhten sie weiter ihre Auflagen bis zur gänzlichen Verarmung der Bevölkerung.[73] Inguiomerus, der Bruder seines Vaters, hielt zu Arminius und kämpfte noch an seiner Seite gegen Germanicus sechs Jahre später.[74] Doch es kam zwischen ihnen zum Bruch auf dem Feldzug gegen Marbod, dem König der Markomannen.

Um Varus in Sicherheit zu wiegen, zettelte Arminius keinen Aufstand oder Unruhen an. Tiefsten Frieden im Lande täuschte er vor, indem er mehr und mehr Cherusker mit Rechtsstreitigkeiten zu Varus sandte, die dort um sein Urteil baten. Danach bedankten sie sich artig und lobten seine Weisheit, die ihren Händeln ein gutes Ende bereiteten. Ihre angeblichen Streitereien hatten sie sich ausgedacht, um Varus zu täuschen. Seine Fehleinschätzung vom friedlichen Germanien dank seiner Rechtsprechung unterstützten sie nach besten Kräften. Varus genoss offensichtlich diese Stunden als Gerichtsherr vor einer andächtigen Menschenmenge, als er wie ein »Stadtprätor auf dem römischen Forum«[75] zu Gericht saß.

Auf einem Podium saß der Feldherr Varus in einem prächtigen Sessel. Rechts und links hatten sich die Legaten, die obersten Offiziere der Legionen, ebenfalls in bequemen Stühlen niedergelassen. Die Signifer trugen die Ehrenzeichen heran, die Aquilifer brachten die Adler der Legionen und stellten sich zu einer effektvollen Kulisse um ihre Kommandeure auf. Mit Rutenbündeln und Beilen zogen die Leibwächter von Varus heran.

Weitere hohe Offiziere der Legionen und Kohorten drängelten sich um Plätze beim Feldherrn. Die Advokaten erschienen in ihren Roben, gemessenen Schrittes. Auf einen Wink wurden Hörner und Posaunen geblasen zur Eröffnung der Gerichtsverhandlung. Diese Szene bildete den würdevollen Rahmen, der den hohen Rang des obersten Feldherrn von Niedergermanien beeindruckend zur Geltung brachte.

Zu seinen Füßen hatten sich die germanischen Krieger versammelt. Auf dem weiten Platz vor dem Prätorium drängte sich eine große Menschenmenge. Jede Partei erschien mit zahlreicher Begleitung, um den Ausgang des Prozesses zu verfolgen. Nach ihrer langen Anreise genossen sie als Zuschauer das Spektakel, auf das noch weitere Gerichtsverhandlungen folgten. Varus wird jedes Mal auf eine Versammlung von mehreren hundert Leuten geblickt haben.

Ob alles ganz genauso stattfand? Sicher nicht, einige der hohen Offiziere hatten gefehlt, aber nicht viele. Bei solchen Gelegenheiten mussten sie entsprechend der Würde ihrer Position repräsentieren, dazu war Anwesenheit Pflicht. Ein Feldherr, der mit seinen Legionären tief in der Provinz Quartier bezog, konnte nicht den Prunk eines Triumphzuges in der Hauptstadt Rom entfalten. Er musste mit den bescheidenen Möglichkeiten einer Armee die Germanen beeindrucken. Dazu boten sich die farbig geschmückten Feldzeichen und Symbole der Legionen an und hatten sicherlich ihre Wirkung auch auf die Landesbewohner.

Segestes

Auch Segestes war ein Cheruskerfürst. Ihn hätten wir nicht erwähnt, wenn er nicht, angeblich oder beinahe, den Plan von Arminius verraten hätte. Etwa eine Generation älter als Arminius muss er gewesen sein. Es hat den Anschein, als ob er nicht ganz so mächtig war wie das Geschlecht, zu dem Arminius und sein Vater Sigimer gehörten. Einige Rivalitäten müssen zwischen den Fürstenhäusern bestanden haben. Segestes hatte seine Tochter Thusnelda für eine andere Heirat versprochen. Sie war schon mit einem anderen Mann verlobt. Jedoch Arminius verliebte sich in Thusnelda, sie erwiderte seine Liebe und ließ sich entführen. Dem Vater war das überhaupt nicht recht. Statt seinen Schwiegersohn in Freundlichkeit anzunehmen, steigerte er sich in einen persönlichen Hass. Wir haben die ganze Geschichte erfahren, weil sich Segestes bei Varus über die Entführung beschwerte und Tacitus darauf in seinen Annalen eingeht.[76]

Von dem Cheruskerfürsten berichtete Tacitus[77] eine weitere, sehr merkwürdige Geschichte. Als nach der Varusschlacht der Feldherr Germanicus im Jahr 15 n. Chr. durch das Gebiet des Teutoburger Waldes und an der Weser unterwegs war, erreichte ihn ein Hilferuf von Segestes. Seine Burg würde von Germanen belagert und er bitte die Römer um Befreiung. Die Legionen kämpften gegen die Belagerer und Segestes mit seiner Familie kam frei. Nun war der Cherusker in anderer Bedrängnis, die Römer hätten ihm Teilnahme an der Varusschlacht vorwerfen können. Aber er erzählte eine Geschichte, als treuer Freund Roms hätte er Varus im letzten Augenblick vor den Plänen von Arminius gewarnt. Aber Varus hätte nicht auf ihn gehört und für eine zweite Warnung blieb keine Zeit. Von dieser Warnung berichtet Tacitus an drei verschiedenen Stellen[78] und ebenso Velleius P.[79] und Florus[80].

Außerdem übergab er Beutestücke aus der Schlacht und seine Tochter Thusnelda. Sie war hoch schwanger mit einem Kind von Arminius. In römischer Gefangenschaft brachte sie ihren Sohn Thumelicus zur Welt. Im Triumphzug von Germanicus wurde sie zusammen mit ihrem Sohn zur Schau gestellt. Man zwang sie, in der italienischen Stadt Ravenna zu leben; zu Arminius kam sie nie mehr zurück.

Die Handlungsweise von Segestes war bestimmt nicht nobel. Ob hier Rachsucht, Hass, Wut oder Neid das Verhalten diktierte, soll nicht untersucht werden. Tacitus erwähnt eine persönliche Feindschaft zwischen Segestes und Arminius.[81] Den Berichten nach verriet er die Pläne der Cherusker an Varus. Hätte der Feldherr darauf reagiert und die Warnung ernst genommen, dann wäre Segestes zur Belohnung zum höchsten Fürsten der Cherusker aufgerückt. Bei seiner Befreiung durch Germanicus bietet er seine Bereitschaft dazu ausdrücklich an.[82] Aber Arminius siegte und Segestes war der üble Verräter. Warum haben sich die Sieger nicht gerächt? Wollte Arminius seinen Schwiegervater schonen, seiner Frau zuliebe? Wollte Arminius sich nicht in die Feindschaft so weit hineinsteigern lassen, dass ein Bruderkrieg unter den Cheruskern ausgebrochen wäre? Eine solche Schwächung der Kampfkraft seines Volkes wäre sehr unklug gewesen, weil die Römer weiter das Land bedrohten. Das sind alles Fragen, auf die nur neue Vermutungen angestellt werden müßten.

Segestes hatte demnach Varus »beim letzten Gastmahl, das unmittelbar vor dem Waffengang stattfand«[83], geraten, »Arminius und die übrigen Häuptlinge in Fesseln zu legen«. Ohne die Führer würde das Volk keinen Kampf wagen. Drei Kapitel weiter behauptet er, wegen der »Untätigkeit (wörtlich: Saumseligkeit) des Heerführers« habe er Arminius in Ketten gelegt. Gleiches habe er von Arminius' Leuten erdulden müssen. Das verwundert, denn der Richter Varus verweigert die Festnahme

von Arminius und will erst einen ordnungsgemäßen Prozess.
Vertraute er so fest auf die Treue des Cheruskers? Oder konnte
er sich nicht vorstellen, dass diese Männer etwas gegen die römische Militärmacht ausrichten könnten? Aber Segestes nimmt
Arminius gefangen und muss sich im Gegenzug von seinen Ge-
folgsleuten Fesseln anlegen lassen. Ein solch ungeheuerlicher
Vorgang müsste einen Tumult unter den Germanen ausgelöst
haben. Welche Autorität hatte der Onkel Segestes seinen Nef-
fen Arminius festzusetzen, der selbst Fürst in seinem Lande
war? Auch Velleius P. berichtet von einer Warnung. Zu einer
zweiten war möglicherweise keine Gelegenheit mehr.[84]

Der sonst wortkarge Tacitus, der lieber treffende Ausdrücke
findet als weitschweifig zu erzählen, schildert das Geschehnis in
aller Länge über drei Kapitel. Die Kernaussage ist der Vorwurf
an Varus, dass durch die »Saumseligkeit des Heerführers« die
Katastrophe verursacht wurde, trotz Warnung eines Freundes
der Römer. Damit war die Schuld an dem Debakel ganz auf Varus ausgerichtet und ihm angelastet worden. Er allein hatte alle
diese Fehler gemacht und trug für alles die Verantwortung.

Die Römer mochten der Darstellung von Segestes nur allzu
gern geglaubt haben. Die Front der Cheruskerfürsten hatten sie
aufgebrochen und geschwächt. Für den geplanten Triumphzug
in Rom war ihnen mit der Frau von Arminius eine besondere
Attraktion in die Hände gefallen.

Für die Suche nach dem Ort der Varusschlacht findet sich bei
Tacitus[85] der wichtige Hinweis: Die Schlacht begann unmittelbar nach einem Gastmahl. Kein Wort von Aufbruch zu einem
Kriegszug, kein Wort von Eile, keine Andeutungen auf einen
geplanten Ortswechsel.

Was geschah im Sommerlager von Varus?

Diese peinliche Frage durfte niemand öffentlich stellen, so-lange Kaiser Augustus lebte. Er hatte nämlich Varus zum Statthalter von Niedergermanien ernannt. Er hatte ihn in das unruhige Land gesandt. Der Kaiser gab den Auftrag, Germa-nien als römische Provinz dem Reich anzugliedern. Außerdem war Quintilius Varus mit Claudia Pulchra verheiratet, einer Verwandten von Augustus. Daher trafen Fragen nach der Ursa-che der Niederlage und entsprechende Vorwürfe auch den Kai-ser. Doch das war lebensgefährlich, auf Majestätsbeleidigung stand in Rom die Todesstrafe.

Kaiser Tiberius fand nach seinem Regierungsantritt diese Regelung ganz praktisch und behielt sie bei. Aber unter seiner Regentschaft durften schon eher kritische Worte über Gefolgs-leute seines Vorgängers laut werden. Velleius Paterculus stieg zum Legaten auf, als Tiberius noch Feldherr war, und genoss seit dieser Zeit sein Vertrauen. Dieses gegenseitige Verhältnis blieb weiter bestehen, nachdem Tiberius zum Kaiser ausgeru-fen wurde. Einige Stellen in seinen Texten legen den Verdacht nahe, er würde im Sinne von Tiberius Kritik an seinem Vorgän-ger üben.[86]

Von Velleius Paterculus ist uns ein recht aufschlussreicher Bericht über die Vorfälle im Sommerlager erhalten. Obwohl er versprach[87], die Varusniederlage ausführlich zu beschreiben, kam es nicht dazu oder die Schrift ging verloren. Kurz nach-dem er 29/30 n. Chr. seine »Historia Romana« beendet hatte, starb er im Alter von etwa 48 Jahren. Velleius Paterculus war zur Zeit der Varusschlacht zusammen mit Tiberius in Panno-nien. Zu der römischen Provinz Pannonien gehörte etwa das heutige Slowenien und Kroatien bis zur Donau. Er war daher nicht persönlich in die Vorfälle in Germanien verwickelt, son-dern kam erst hinterher in Eilmärschen zusammen mit Tiberius an den Rhein. Von Augenzeugen erfuhr er die Ursachen und den Ablauf der Geschehnisse im Sommerlager. Sein Bericht fiel trotzdem vorsichtig aus, und er deutete Einiges nur an.

Zwischen vielen Worten eingebettet, die vollständige Textstelle wird im Anhang wiedergegeben[88], schrieb er von Varus: Er habe geglaubt, die Germanen würden durch seine Rechtssprechung lammfromm werden. Darum verbrachte er die meiste Zeit des Sommerfeldzuges damit, von seinem Richterstuhl aus Recht zu sprechen. Die Germanen ließen ihn in dem Glauben und spielten mit. Das gehörte aber offenbar schon zum Plan von Arminius, Varus in Sicherheit zu wiegen. Der Cherusker überzeugte seine Männer, dieser unvorsichtige Römer sei durch einen Handstreich (Hinterhalt) zu überrumpeln, »und legte den Zeitpunkt fest«. Den Ort wussten schon alle, es war sein Richterstuhl. Deshalb musste nur noch der Tag und der Augenblick abgesprochen werden.

Velleius Paterculus fährt fort: »Weder zum Kämpfen noch zum Ausbrechen bot sich ihnen ungehindert Gelegenheit, so sehnlich sie es auch wünschten. Einige mußten schwer dafür büßen, daß sie als Römer ihre Waffen und ihren Kampfgeist eingesetzt hatten [...] Die tapferste Armee von allen [...] wurde durch die Trägheit (Indolenz) des Führers [und] die betrügerische List des Feindes in einer Falle gefangen.« [89] Wenn nur dieser eine Bericht von der Schlacht überliefert wäre, dann würde es keine langen Diskussionen geben. Mit einfachen Worten könnte es heißen: „Während einer Gerichtssitzung (conventus) überfielen die anwesenden Germanen den römischen Feldherrn Varus." Eine Gerichtsverhandlung findet nicht während eines Marsches von Legionen statt. Sie wird bestimmt nicht irgendwo zwischen Schluchten und Sümpfen abgehalten. Dafür kommt nur ein fester Ort in Frage, der die Staatsmacht effektvoll hervorhebt und ihr den würdevollen Rahmen verleiht.

Ein solcher Ort könnte das Kastell Aliso gewesen sein. Auf

Grund der Berichte scheidet es aus. Ein Lager war es aber, denn überdeutlich ist davon die Rede. Begriffe wie »eingeschlossen« und »in Falle gefangen« sowie »kein Ausbrechen [war] ungehindert möglich« können sich nur auf einen eng umgrenzten Bereich beziehen. Aus Sicherheitsgründen war das Sommerlager von Varus gewiss ebenso wie ein Kastell mit Schutzwall, Graben und Tor angelegt worden. Den conventus mit den versammelten hohen Offiziersdienstgraden und den Ehrenzeichen können wir uns vorstellen. Weiter unten wird durch Tacitus dieses Bild bestätigt und ergänzt.

Velleius Paterculus berichtet uns weiter: »Eingeschlossen in Wälder und Sümpfe, in einem Hinterhalt, wurden sie Mann für Mann abgeschlachtet [...].« Die Wiederholung »feindlicher Hinterhalt« kann erneut auf den Überfall oder Handstreich hinweisen. Ein offener Kampf war es nicht, und das sollte offensichtlich noch einmal betont werden. »Eingeschlossen in Wälder und Sümpfe« kann eine rhetorisch hervorgehobene Ortsbezeichnung sein, denn das Sommerlager »mitten in Germanien« war auf allen Seiten von Wäldern und Sümpfen umschlossen, wie die anderen Kastelle auch. Eine andere Bedeutung bekommt diese Formel, wenn sie sich auf einzelne, fliehende Legionäre bezieht. Velleius Paterculus teilte noch mehr Einzelheiten mit, aber diese Teile des Puzzels »Varusschlacht« gehören an eine andere Stelle.

Einen wesentlich kürzeren Bericht lieferte uns Aemilius Lucius Florus.[90] Der Historiker wurde etwa 120 n. Chr. geboren und schrieb eine kurzgefasste Geschichte des Römischen Reiches. Auch er umging eine klare Schilderung vom Verlauf der Varusschlacht, oder er konnte sie nicht aus den Senatsunterlagen herauslesen. Ganz an Velleius Paterculus[91] erinnert die Textstelle: »So griffen sie [die Germanen] ihn [Varus] unversehens an, während er sie – welche Sorglosigkeit ! – vor seinen Richterstuhl rief; von allen Seiten drangen sie ein und

plünderten das Lager [...].« In diesem Satz steckt noch eine
weitere interessante Aussage. Sie wird deutlich, wenn wir ver-
kürzen auf: »So griffen sie unversehens an, während [oder als,
Anm. d. Verf.] er sie vor seinen Richterstuhl rief; von allen Seiten drangen sie ein ...« Der Ruf vor den Richterstuhl war ein
Trompetensignal, mit dem der Herold sich zu Wort meldete und
Schweigen gebot. Das gehörte zur Eröffnungszeremonie vor
dem Beginn der Verhandlung. »Wenn zur Eröffnung des conventus die Posaunen und Hörner geblasen werden, schlagen wir
zu« muss die Parole gelautet haben.[92] Ein solcher Zeitpunkt für
einen Kampfbeginn kann eindeutiger und leichter verständlich
nicht bezeichnet werden!

Ohne jeden Zweifel wird auch hier wieder ein Überfall in
einem Lager geschildert. Bei Florus steht zu lesen »in castris
ius dicebat«, ausdrücklich also »in«, »in(nerhalb) eines Lagers
sprach (er) Recht«. Im gleichen Absatz heißt es weiter: »[...]
und plünderten das Lager [...]« (»castra rapiuntur«)[93] Auch hier
wird eindeutig von einem Lager (im Singular) geschrieben. Diese Hinweise gewinnen Bedeutung, weil der Geschichtsschreiber
Cassius Dio in seinem Werk einen Kriegszug beschrieb. Auf
diesem Zug sollen sich die Legionen befunden haben, als die
Überfälle auf *mehrere* Lager stattfanden. Ein einziges Lager
also wird übereinstimmend in zwei Quellen beschrieben und
innerhalb dieses Lagers stand der Richterstuhl, im Sommerlager von Varus.

Als der Kampf begann, befanden sich schon viele germanische Krieger mitten im Römerlager. Sie drangen auf die Gruppe
um Varus ein. Andere stürmten von innen an die Lagertore,
kämpften die Wachtposten nieder und ließen die draußen war-
tenden Germanen hereinfluten. Von allen Seiten drangen die
Krieger ein und überwältigten die römische Lagerbesatzung.

Florus fährt fort: »Nichts Blutigeres gab es je, als das Schlachten in den Sümpfen und Wäldern, nichts Unerträglicheres als

der Hohn der Barbaren.« Auch hier wird die Formel wiederholt, vom blutigen Schlachten. In dem Sommerlager eingezwängt, gab es für die Römer keine Flucht vor dem Zorn der Germanen. »Unerträglich der Hohn der Barbaren« spielt auf Arminius an, der die Ehrenzeichen und Adler der Legionen verspottet hatte, als der Kampf vorüber war.

Mit Wut und Spott wurden die Advokaten verfolgt. Wilde Hassgefühle entluden sich an ihnen. »Dem einen wurden die Augen ausgestoßen, dem anderen die Hände abgeschlagen, einem Dritten wurde die Zunge abgeschnitten und dann der Mund zugenäht. Der Barbar, der sie in der Hand hielt, rief ihm zu: Nun endlich ist es aus mit dem Zischen, du Schlange!«[94] Die grausamen Strafen, die von Anwälten nach römischem Recht gefordert, von Richtern wie Varus verhängt und sogleich von den Scharfrichtern vollstreckt wurden, hatten zu diesen barbarischen Wutausbrüchen geführt. Römer und Germanen standen einander in Härte nicht nach.

Den zeitlichen Verlauf der Ereignisse ergänzte Tacitus.[95] Er schilderte, wie der Feldherr Germanicus 15 n. Chr. das Varusschlachtfeld betrat, um die Toten zu bestatten: »Und nun betraten sie die Unglücksstätte, gräßlich anzusehen und voll schrecklicher Erinnerungen. Das erste Lager des Varus wies an seinem weiten Umfang und der Absteckung des Hauptplatzes [principia] auf die Arbeit von drei Legionen hin.« Das Staunen des Berichterstatters über die Größe des Hauptplatzes ist noch immer zu spüren. Er wurde durch die Arbeit von drei Legionen in dieser großzügigen Abmessung geschaffen.[96] Ein beengter Exerzierplatz in einem knappen Lager oder Kastell wurde sicher nicht mit diesen Worten beschrieben.

Im Weitergehen heißt es: »Mitten im freien Feld lagen bleichende Gebeine zerstreut oder in Haufen, je nachdem die Leute geflohen waren oder Widerstand geleistet hatten [...] Dabei lagen Bruchstücke von Waffen und Pferdegerippe [...].« Auf der Fläche des weiten Hauptplatzes lagen Gerippe von Menschen und Pferden; einzeln, wie sie erschlagen wurden. Oder die Soldaten hatten in Gruppen gegen den andrängenden Feind gekämpft und Widerstand geleistet. An solchen Stellen fanden die Besucher Reste einer größeren Zahl von Gefallenen. Die Legionäre hatten sich tapfer gewehrt. Dabei zerbrachen die Waffen.

Jetzt verstehen wir das lobende Gedenken bei Velleius Paterculus[97]: »Von den beiden Lagerpräfekten [...] gab der eine, L(ucius) Eggius, ein heldenhaftes [...] Beispiel.« Mutig hatte der Präfekt seine Leute zum Kampf aufgerufen und die Verteidigung organisiert. Andernfalls würde er nicht als Held bezeichnet worden sein. Doch die drückende Übermacht der Germanen war zu groß.

Tacitus folgt weiter dem Gang über das Schlachtfeld: »Dann erkannte man an dem halb eingestürzten Wall und dem niedrigen Graben, daß die schon zusammengeschmolzenen Reste sich dort gelagert hatten.« In einem Teil des Lagers waren die kämpfenden Legionäre zusammengedrängt worden. Viele ihrer Kameraden waren schon gefallen. Nun brach die Dunkelheit herein und der Kampf kam zum Erliegen. Es war zu gefährlich im Dunkeln weiter zu kämpfen. Die Germanen plünderten das Römerlager und fledderten die toten Soldaten. Sie sammelten ihre persönliche Kriegsbeute ein.

Während der Nacht versuchten die Römer eine Schanze zu errichten. Auf zwei Seiten bot der Wall des Kastells einen guten Schutz. Zu den Germanen hin sollte eine neue Palisade die Lücke schließen. In aller Eile wurde während der Dunkelheit daran gearbeitet. Es gelang den überlebenden Soldaten einen niedrigen Graben auszuheben und einen notdürftigen Wall zu errichten.

Am Morgen griffen die Germanen auch diese letzte Wehr an. Die Legionäre kämpften verzweifelt, hielten aber stand.

Schließlich ließ Arminius die Köpfe von Erschlagenen auf Speerspitzen stecken und vor den Wall tragen.[98] Er drohte den Römern, ihnen allen würde es genauso gehen. Der überlebende Lagerpräfekt, Ceionius, hoffte wohl auf Gnade in Gefangenschaft und bot die kampflose Übergabe an. Velleius Paterculus nannte diese Entscheidung »ein erbärmliches Beispiel«, wie ein Soldat sich nicht verhalten sollte.[99]

Schon bald nach dem Angriff der Germanen wurde Varus verwundet, aber die Legionäre hatten Schlimmeres verhindert. Er gelangte in ihrem Schutz hinter den neuen Schutzwall. »Der Führer hatte mehr Mut zum Sterben als zum Kämpfen. Nach dem Beispiel seines Vaters und Großvaters durchbohrte Varus sich selbst mit dem Schwert«, so die Überlieferung nach Velleius Paterculus.[100] Quintilius Varus hatte die schlimmste Blamage eines römischen Feldherren erlitten, er war im eigenen Lager vom Feind besiegt worden. Eine solche Schande wollte er nicht ertragen.

Die römischen Soldaten versuchten seine Leiche zu verbrennen. Das gelang nur teilweise, daher begruben sie die angekohlten Reste im Bereich ihres Lagers.[101] Den halbverbrannten Leichnam wühlten die Germanen wieder aus der Erde heraus. Sie trennten den Kopf ab und sandten ihn an Marbod, den König der Markomannen. Welche diplomatischen Gründe ihn so handeln ließen, wissen wir nicht, aber er ließ den Kopf an Kaiser Augustus in Rom überbringen. Schließlich wurde dem Kopf von Varus die Ehre eines Familienbegräbnisses gewährt, wohlgemerkt kein Staatsbegräbnis.[102]

Die Panik unter den Soldaten im Sommerlager muss alles vernünftige Denken blockiert haben. Der Legat von Varus, Numonius Vala, ergriff mit einer Schwadron Reitern die Flucht. Die Fusssoldaten ließ er ohne den Schutz dieser Truppe zurück. Auf seinem Weg zum Rhein wurde er von Germanen abgefangen und kam nicht in Castra Vetera an.[103]

Tacitus fährt in seinem Bericht fort[104]: »[…] zugleich fanden sich an den Baumstämmen angenagelte Köpfe. In den benachbarten Hainen standen die Altäre der Barbaren, an denen sie die Tribunen und Centurionen der ersten Rangstufe geschlachtet hatten.[105] Die Leute, die diese Niederlage überlebt hatten und der Schlacht oder der Gefangenschaft entronnen waren, erzählten, hier seien die Legaten gefallen, dort die Adler von den Feinden erbeutet worden; sie zeigten, wo Varus die erste Wunde erhalten, wo er mit seiner unseligen Rechten sich selbst den Todesstoß beigebracht habe; wo Arminius von der Tribüne herunter eine Ansprache gehalten habe, wie viele Galgen für die Gefangenen, was für Martergruben er habe herstellen lassen, wie er die Feldzeichen und Adler übermütig verhöhnt habe.«

So liest sich die Schilderung eines schaurigen Rundgangs über ein Schlachtfeld. Alles liegt nahe beieinander. Keine Pause, kein Absatz im überlieferten Text deuten auf einen längeren Weg hin. Augenzeugen übernahmen die Führung und ließen den Tag noch einmal lebendig werden.

Dort stand die Tribüne, von der Arminius eine Ansprache hielt. An der Stelle saß am Tag zuvor noch Varus. Nach dem Sieg hätte Arminius keine Tribüne gebraucht, um von seinen Kriegern gesehen und gehört zu werden. Kurz entschlossen hätte er von einem Pferd aus eine feurige Rede an seine siegreichen Krieger gehalten, wäre der Handstreich in einem flüchtigen Marschlager geglückt. Die Tribüne war in dem festen Sommerlager von Varus errichtet worden. Sie ist ein Indiz für den Ort der Schlacht. Nicht weit von ihr erhielt Varus »die erste Wunde«. Ganz in der Nähe brachte er sich den Todesstoß bei. Alles lag in Sichtweite. Kein Tagesmarsch schob sich dazwischen. Das Drama spielte sich im Sommerlager ab. In einem Atemzug heißt es »[…] hier seien die Legaten gefallen, dort die Adler […] erbeutet […].« Weil alles zur feierlichen Eröffnung des conventus um Varus arrangiert war und dort der Überfall begann, musste alles in Sichtweite gewesen sein. »Hier« und »dort« sagten die Führer.

Diese Beobachtung hat große Bedeutung. Der Tacitusbericht vom Besuch des Ortes der Varusschlacht beginnt mit »Das erste Lager des Varus«. Dieser Hinweis wird als Aufzählung verstanden, ein zweites oder drittes Lager müsste folgen. Tatsächlich wird ein (»halbeingestürzter«) Wall und ein Graben erwähnt.[106] Damit würde ein zweites Lager beschrieben, wird abgeleitet. Wenn wir an die vielen Lager der Römer zwischen Rhein und Weser denken, dann muss eins davon das wichtigste, das erste gewesen sein. Ohne den Sinn der Textstelle zu entstellen, könnte ebenso gemeint sein »Das Hauptlager des Varus«. Tacitus war ein gefeierter Redner, er vermutlich sinngleiche Ausdrucksformen verwendete.[107]

Die Spitzen der drei Legionen hatten sich um Varus versammelt, mit ihnen die Träger der Adler und Ehrenzeichen, die Legaten, die Tribunen, die Centurionen der ersten Rangstufe, die Advokaten. Zwei Lagerpräfekte wurden sogar mit Namen erwähnt, Lucius Eggius und Ceionius. Beim Gang über das Schlachtfeld gibt Tacitus die Hinweise des Führers wieder. Der sprach nicht von einem Legat, dem Obersten einer Legion, sondern hier kamen gleich mehrere zu Tode. Alle hohen Dienstgrade wurden im Plural aufgezählt und alle waren erschlagen worden. Jeder dieser Befehlshaber hatte selbstverständlich eine größere Zahl rangniederer Offiziere als Begleitung um sich[108]. Diese unterstrichen die Wichtigkeit der Dienststellung ihres Vorgesetzten. In dem Lager war geradezu eine Häufung von Offizieren und Würdenträgern versammelt, die alle während des Kampfes fielen. Für eine Schlacht ist so etwas kaum vorstellbar, viele von ihnen hatten ihren Platz bei der Truppe. Außerdem galt es immer als eine hohe Ehre eines Soldaten, die Führer zu schützen und den Feind von ihnen abzuwehren. Darum überlebten die hohen Dienstgrade im Allgemeinen eine Schlacht besser als der einfache Soldat und die niederen Chargen. Im Sommerlager von Varus war alles anders, die vollständige Führungsmannschaft fiel den Germanen zum Opfer. Einen solchen Erfolg konnte Arminius nur durch einen Überraschungsangriff erringen. Varus mit seinen Offizieren war eingeschlossen auf dem engen Raum eines gut befestigten Lagers, aus dem kaum jemand hinaus konnte.

Arminius hatte mit einem gelungenen Handstreich die gesamte Führung von drei römischen Legionen vernichtet. Von 20 000 Mann waren mit einem Schlag alle Befehlshaber gefallen.

Varus hatte zu einem »conventus« eingeladen. Wie muss dieses Wort verstanden werden? Zum einen wurde damit eine Gerichtsversammlung und -verhandlung bezeichnet. Die lateinischen Quellen schildern Varus mehrfach als Gerichtsherren. Darum liegt es nahe, in diesem Fall eine Ladung zu einer Gerichtsverhandlung anzunehmen. Doch es gibt Zweifel, ob diese einfache Lösung richtig ist.

Die andere Übersetzung von conventus lautet »Versammlung«. Varus hätte demnach eine Versammlung der Germanen einberufen, auf der er eine Rede halten wollte. So hätte er die Abgaben für das nächste Jahr bekanntgeben können, bevor er mit seinen Truppen ins Winterlager aufbrechen wollte. Noch ehe er etwas sagen konnte, ging der Angriff los.

Die Zweifel gründen auf zwei Überlegungen. Warum hat er so viele germanische Krieger mit ihren Waffen vor seiner Tribüne geduldet? Er war an den Anblick von vielen bewaffneten Kämpfern behutsam gewöhnt worden. Im und vor dem Sommerlager waren sicherlich weit mehr als tausend Germanen versammelt. Eine geringere Zahl hätte das Gelingen des Planes von Arminius in Frage gestellt, denn im Kastell musste er mit der Anwesendheit von mehr als tausend Mann der Ersten Kohorte einer Legion rechnen. Einige hundert Soldaten von den zwei anderen Legionen bildeten die Begleitung von weiteren Legaten und konnten ebenfalls im Lager sein.

Weiterhin gibt der Zeitplan zu denken. Das Datum der Schlacht könnte auf den 23. September 9 n. Chr. gefallen sein. Eine Kette von Indizien führt zu dieser überraschend genauen Festlegung. Im Kapitel „Der Geburtstag von Kaiser Augustus" folgt die Begründung. Der 23. September war der Geburtstag von Kaiser Augustus. Keine Frage, dieser Festtag des Cäsars musste mit einer glanzvollen Truppenparade gefeiert werden. Anschließend wurde selbstverständlich den Mannschaften dienstfrei gegeben. Diesen Umstand überlieferte wiederum Tacitus in einer Rede von Marbod.[109] Arminius habe einen vertrauensseligen Feldherrn und drei dienstfreie Legionen (tres vacuas legiones) geschlagen, spottete der König der Markomannen. Das sei ein Leichtes gewesen.

Am Vormittag dieses Feiertages zu Ehren von Kaiser Augustus könnte die Truppenparade nach etwa zwei Stunden vorüber gewesen sein. Diesen Zeitpunkt können wir zwischen 12 und 13 Uhr ansetzen. Anschließend gab der Feldherr seinen Legionären frei zum Feiern des Festes. Nach dem »Umlauf« lud Varus seine Offiziere zur Mittagstafel. Ein solches Mahl wird zwischen 15 und 16 Uhr beendet worden sein. Dann erst folgte die Aufstellung der Römer auf der Tribüne zum conventus. Die Germanen hatten sich bereits versammelt und warteten ungeduldig auf den Beginn des Ereignisses.

Nach dem Angriff blieben nur wenige Stunden bis die Abenddämmerung zwischen 19.30 und 20 Uhr (Ortszeit) eine Fortsetzung der Schlacht verhinderte. Im Dämmerlicht oder bei Dunkelheit wurden die Kämpfe eingestellt. Die Aktionen des Gegners, seine Attacken mit dem Schwert oder Speer, waren nicht mehr schnell genug zu erkennen.

Der zeitliche Ablauf ist recht wahrscheinlich. Wenn wir uns an die gegebenen Hinweise halten, dann war keine Gerichtsverhandlung geplant, sondern Varus hatte den Germanen etwas mitzuteilen. Ob er neue Restriktionen und Abgaben verkünden wollte, können wir nur vermuten. Die Parade werden die Germanen als Zuschauer erlebt haben. Von einer solchen eindrucksvollen Demonstration militärischer Kampfkraft und Geschlossenheit hatten die Römer sie bestimmt nicht ferngehalten. Danach ließ man sie warten, solange getafelt wurde. Ein weiterer Akt der Selbstdarstellung der Römer folgte auf der Tribüne zur Eröffnung des conventus. Farbenprächtig und würdevoll beeindruckte die römische Autorität. Dazu nahmen die verfügbaren, hohen Offiziere Aufstellung als wirkungsvolle Kulisse. Um seinen Forderungen Nachdruck zu verleihen, hatte Varus die Inszenierung aufgeboten. Das würde erklären, warum Arminius praktisch den vollzähligen Führungsstab der drei Legionen an einer Stelle vernichten konnte. Es ist kaum denkbar, dass wegen einer routinemäßigen Gerichtsverhandlung ein solches Aufgebot von hohen Militärs erfolgt wäre.

Eine normale Gerichtsverhandlung beginnt man morgens, um sich keinem Zeitdruck auszusetzen. Hätte der Handstreich in Verbindung mit einer Gerichtssitzung stattgefunden, dann wären die Kämpfe wahrscheinlich bis zur Abenddämmerung beendet. Daher ist die Wahrscheinlichkeit groß, dass in diesem Fall das Wort conventus keine Gerichtssitzung meinte.

Der Geburtstag von Kaiser Augustus

Ein unheilvolles Vorzeichen sahen die Römer in einer Sonnenfinsternis am 10. Juli 9 n. Chr. (nach Julianischem
Kalender). Der tiefe Aberglaube dieser Zeit deutete das Natur-
ereignis als schlechtes Omen für ein großes Unglück. Dieses
überlieferte Datum erlaubt eine Berechnung der Mondphasen
für das Jahr 9 n. Chr. und dient als Nullpunkt. Eine Sonnenfinsternis tritt bekanntlich nur bei Neumond ein.

Nach dem Julianischen Kalender feierten die Römer am
23. September den Geburtstag ihres Kaisers Augustus. Auf Anregung von Heinz Ritter-Schaumburg[110] berechnete Dr. Albert
Bruch vom Astronomischen Institut der Universität Münster,
welche Mondphase am 23. September 9 n. Chr. zu erwarten war.
Etwa um 0 Uhr 59 Minuten lokaler Zeit war im Gebiet der oberen Lippe Vollmond eingetreten. Zufällig fielen der Geburtstag
des Kaisers und Vollmond auf einen Tag. Die Sonnenfinsternis
am 10. Juli 9 n. Chr. ermöglichte diese genaue Bestimmung.[111]

Für die Germanen waren Vollmond und Neumond markante
Zeitpunkte, zu denen Unternehmungen abgesprochen wurden.
Sie glaubten, an diesen günstigen Tagen würden ihre Vorhaben glücklich gelingen. Darum legten sie Verabredungen gerne
entsprechend den Mondphasen fest.[112] Besondere Höhepunkte
ihres Jahreskalenders waren die Sonnenwenden und ebenso die
Tag- und Nachtgleichen (Äquinoktien). An solchen Tagen kamen sie an den heiligen Hainen zusammen und feierten gemeinsam dieses Fest. Der 23. September 9 n. Chr. fiel auf diesen Tag
im Herbst. In aller Friedfertigkeit wurden diese Treffen began-
gen. Die Priester an den Kultstätten überwachten den gebote-
nen Frieden.[113] Die freien Germanen trugen selbstverständlich
ihre Waffen und zeigten damit, dass sie freie Männer und keine
Leibeigenen waren.

Varus hatte diesen Brauch kennengelernt. Deshalb kam kein

Misstrauen bei ihm auf, als sich die vielen Männer, Frauen und Kinder im Umkreis des heiligen Haines in seiner Nähe sammelten. Sie waren wegen der Feier zur Tag- und Nachtgleiche in dieser Vollmondnacht gekommen. Für Arminius war das Fest in dieser Nacht eine perfekte Tarnung und Vorwand, seine Leute unauffällig zusammenzuziehen. Der Cherusker hatte schon Monate voraus den Tag nach Vollmond festlegen können. Alle Eingeweihten konnten die Vorbereitungen unbemerkt betreiben. Der gleichzeitige Schlag konnte wegen des eindeutigen Datums auch ohne Kalender und ohne Uhr erfolgreich geführt werden. Wahrscheinlich wussten nur die vertrauenswürdigsten Männer, warum an diesem Tag möglichst viele Krieger unter den Besuchern waren. Erst kurz vor dem Angriff wurde allgemein bekannt, was bevorstand.[114]

Auf den gleichen Tag fiel die Geburtstagsfeier der Römer und das Germanenfest zur Tag- und Nachtgleiche. Ohne Argwohn zu erregen, konnten die Krieger der Germanen zusammengezogen werden in der Nähe des römischen Feldherren und seines Führungsstabes. Der Handstreich traf die Römer völlig unvorbereitet und mit vollem Erfolg.

Die Führer der benachbarten Brukterer, Sugambrer, Marser, Usipeten und natürlich die Cherusker bis zur Weser warteten auf die brennenden Feuerstöße, die den Beginn der Schlacht signalisierten. Sie hatten selbst an weithin sichtbaren Stellen ihre Signalfeuer errichten lassen und beobachteten das Aufflammen der Feuerzeichen in der Ferne. Da ließen sie ihrerseits den Brand auflodern. Schneller als ein Reiter sein Pferd jagen konnte, verbreitete sich die Nachricht. Nun konnten die Krieger an Lippe und Weser die Römerkastelle und Lager in ihrer Nähe angreifen.[115]

Wo waren die Legionen?

Im Hauptquartier des Feldherrn Varus, wir nennen es Sommerlager, hielten sich wohl etwas mehr als 1000, vielleicht 1500 Soldaten auf. Daneben stand eine Reitertruppe für die Übermittlung von Nachrichten bereit. An keiner Stelle bei Velleius Paterculus, Florus, Suetonius oder Tacitus findet sich ein Hinweis auf Vorbereitungen für einen Kriegszug. Nur allein bei Cassius Dio wird der Aufbruch zu einem Kampf geschildert. Bisher wurde die Darstellung der Varusschlacht durch diesen römischen Schriftsteller nicht mit in unsere Überlegungen einbezogen. Er schildert darin zu viele Situationen sehr phantasiereich. Je mehr er sich in dramatische Übersteigerungen verliert, um so unwahrscheinlicher klingt sein Bericht. Nicht dass Cassius Dio die Absicht hatte uns zu täuschen, sondern seine Quelle und seine Texte aus dem Archiv des römischen Senats müssen wir in Frage stellen. Wir begehen bestimmt keinen Fehler, wenn wir die Unsicherheiten um Cassius Dio zunächst in ein eigenes Kapitel verschieben.

Die Legionen von Varus lebten im tiefsten Frieden. Sie hielten eine Parade ab und feierten Kaisers Geburtstag. Solange Varus im Sommerlager residierte, waren seine Truppen mit alltäglichen Arbeiten beschäftigt. An den Kastellen entlang der Lippe und durch den Teutoburger Wald bis zur Weser mussten bauliche Verbesserungen geschaffen werden. Die Unterkünfte der Legionäre wurden für den bevorstehenden Winter komfortabler hergerichtet. Die Heerstraßen auf der langen Strecke wurden repariert und ausgebaut. Lebensmittel und sonstige Versorgungsgüter für die drei Legionen wurden vom Rhein bis an die Kastelle der Weser herangeschafft. Tributleistungen der Germanen bildeten die Ladung für den Rückweg zum Rhein. Schiffstransporte auf der Lippe waren unterwegs und wurden von Schutztruppen begleitet. Auf den Straßen zogen die Legionäre als Fuhrleute zusammen mit ihren bewaffneten Begleitern. Einige dieser Aufgaben waren sicherlich auch den Hilfstruppen aus Germanien übertragen worden.

Aus leidvoller Erfahrung wussten die Römer, dass ohne jede Ankündigung ein Überfall der Germanen stattfinden konnte. Entweder wurde nur ein Transport angegriffen oder sogar eines der befestigten Lager konnte das Ziel eines Raubzuges sein. In dieser Hinsicht machten die Germanenstämme kaum einen Unterschied zwischen Römern und ihren Nachbarn, hier wie dort gab es begehrenswerte Beute. Die Kastelle und Lager mussten daher stets mit einer ausreichend starken Besatzung zur Verteidigung belegt sein.

Solange nicht gekämpft wurde, waren die Truppen mit vielen Bauarbeiten beschäftigt und sie waren durch Nachschub im Wegenetz gebunden. Innerhalb weniger Tage hätte Varus diese verstreuten Abteilungen zu einer schlagkräftigen Armee zusammenziehen können.

Die Anzahl der Kastelle oder Lager zwischen Castra Vetera und der Weser kann ohne archäologische Grabungen an den zahlreichen möglichen Orten nur geschätzt werden. Trotzdem soll eine ungefähre Bestimmung versucht werden. Bei Holsterhausen, Haltern und Anreppen wurden von Archäologen Römerlager ergraben, die alle 9 n. Chr. verlassen wurden. Das Lager »Oberaden« gehört nicht in die Liste. Es bestand nachweislich nur von 11 bis 8/7 v. Chr. Hinzu kommt das Kastell Aliso, das Velleius Paterculus[116] erwähnte und wir in Schloss Neuhaus/Wilhelmsberg lokalisieren.

Einer Arbeitsgruppe um Rolf Bökemeier[117] verdanken wir die Auswertung von Luftbildern aus der Zeit während des Zweiten Weltkrieges und Satellitenbilder aus der Periode des Kalten Krieges. Daraus ergibt sich eine ganze Kette von Kastellen, die im Bereich der folgenden Orte wahrscheinlich bestanden oder nur vermutet werden. Lippe aufwärts ordnen sich: Drevenack,

(Dorsten-)Holsterhausen (bestätigt), Haltern (bestätigt), Bork/
Heikenberg, Stockum, Dolberg, Liesborn, Cappel-Lippstadt,
Anreppen (bestätigt), Schloss Neuhaus/Wilhelmsberg (siehe
Abb. 2, vorderer Umschlag, innen[118]). Auf der Höhe des Teuto-
burger Waldes bestand wohl bei Horn oder Reelsen ein Lager.
Weiter auf halbem Weg zur Weser deutet sich ein Platz an zwi-
schen den Orten Schieder, Holzhausen, Lügde und Nieheim.
Entlang der Weser befanden sich außer bei Kirchohsen (nahe
Hameln) noch zwei oder drei weitere Standorte bis Minden.
Auf dieser Strecke zeigen die Luftaufnahmen eine Vielzahl
von römerzeitlichen Strukturen, die erst durch Grabungen datiert und zugeordnet werden können. In dem Raum waren nicht
nur Drusus und Germanicus mit Legionen unterwegs, sondern
zwischenzeitlich wahrscheinlich noch Tiberius[119] und der Legat
Domitius Ahaenobarbus[120]. Auf ihren Kriegszügen sicherten
sie grundsätzlich ihre Lager durch Schanzen, gleichgültig ob
kürzere oder längere Aufenthalte vorgesehen waren. Die Gefahr eines germanischen Angriffs bestand jederzeit.

Die Luftaufnahmen lassen noch immer die Wälle der Kastelle erkennen, obwohl sie an der Erdoberfläche kaum noch auffal-
len. Die Wälle wurden meistens im rechten Winkel zueinander
angelegt und bildeten charakteristische, abgerundete Ecken in
Form eines Kreisviertels. Nur die Römer legten in unserer Region Schutzwälle in dieser typischen Bauweise an. Zeigt sich
auf einem Luftbild eine solche Struktur, dann hat an diesem
Ort wahrscheinlich ein römisches Lager oder sogar ein Kastell
bestanden. Als Ausnahmen von dieser Gepflogenheit gelten die
Lager Anreppen, Rödgen und möglicherweise Wilhelmsberg.
Im Allgemeinen betrug der Abstand zwischen den Kastellen
18 bis 20 Kilometer, entsprechend der Marschleistung eines
Legionärs. Fanden sich zwei Kastelle in doppelter Entfernung
voneinander, kann in der Mitte eine weitere Befestigung *vermutet* werden.

Um die Zeitenwende gehörten zu einer Legion 10 Kohorten mit jeweils 500 Legionären. Die besten 1000 Soldaten einer Legion durften in der Ersten Kohorte dienen. Eine Legion zählte deshalb etwa 5500 Mann. Für unsere Überschlagsrechnung gehen wir vereinfachend von 11 Kohorten zu 500 Mann aus. Unter Varus standen zwischen Rhein und Weser drei Legionen, entsprechend (verkürzt) 33 Kohorten.

Die Legionen könnten etwa in dieser Weise verteilt gewesen sein:

Sommerlager	2 bis 3	Kohorten
Castra Vetera	3	Kohorten
Holsterhausen	2	Kohorten
Haltern	3	Kohorten
Anreppen	1 bis 2	Kohorten
Aliso (Schloss Neuhaus)	2 bis 3	Kohorten
11 bis 12 weitere Standorte	16 bis 17	Kohorten
Transporteinheiten	2	Kohorten
3 Legionen	33	Kohorten

Die hier angenommene Verteilung der Truppenverbände war mit Sicherheit nicht so festgelegt, wie die Aufstellung erwarten lässt. Für spezielle Bauaufträge oder andere Maßnahmen waren die Mannschaften auch an einzelnen Punkten stärker konzentriert. Hinzu kamen noch die Transporteinheiten, die den Nachschub beförderten, geschätzt mindestens zwei Kohorten. Den Begleitschutz stellten wohl die naheliegenden Kastelle, damit ist diese Anzahl schon erfasst. Plante man kriegerische Unternehmungen, so wurden die Besatzungen der Kastelle auf Mindeststärken reduziert, um eine Kampfgruppe bilden zu können.

Als die Schlacht begann, waren die Legionen in den Kastellen und Lagern stationiert und damit über das ganze Land verteilt.

Der Bericht von Zonares[121] bestätigt diese Situation: »Auch die festen Plätze der Römer fielen bis auf einen sämtlich in die Hände der Feinde.« In diesem Satz wird deutlich, dass die »festen Plätze« erst verteidigt wurden, ehe sie »in die Hände der Feinde« fielen. Nur Soldaten aus Varus' Legionen hätten sie verteidigen können, also müssen sie dort gewesen sein und nicht woanders auf einem Kriegszug oder Marsch. Cassius Dio bemängelte die Aufsplitterung der Heeresmacht über das ganze Land und bestätigt so unsere Überlegungen[122], und er widerspricht sich selbst. Dio beschreibt einen gemeinsamen Aufbruch und den Marsch von drei Legionen. Nur eine Situation ist möglich: entweder *gemeinsam* aufbrechen oder *verstreute* Lager und Kastelle verteidigen. Objektiv betrachtet war das aber ein unrealistischer Vorwurf an die Adresse des Feldherrn. Varus konnte in Friedenszeiten nicht anders handeln. Er musste die Nachschubwege für die weitere Eroberung Richtung Elbe ausbauen und die Truppe mit Arbeiten und Übungen beschäftigen. Außerdem mussten die Kastelle bewacht werden ebenso wie die befestigten Lager mit ihren Palisaden und Unterkünften. Die einfachen Lager, die nur aus Erdwällen bestanden und allenfalls gelegentlich genutzt wurden, hatten wohl kaum eine Besatzung.

In den Alltagstrott des täglichen Militärdienstes platzte die Nachricht: Varus ist tot! Die Germanen erschlagen alle Römer!

Ein Legionär war kein Patriot, der mit seinem Blut das Vaterland verteidigte. Er wollte möglichst immer siegen, die Kämpfe überleben und nach kurzer Dienstzeit in höhere Ränge aufsteigen. Dabei wollte er reichlich Geld gewinnen und sich nach der Pensionierung auf einem Stück Land zur Ruhe setzen. Sterben im Kampf war nicht geplant.

In den römischen Legionen herrschte eine strenge Disziplin. Jetzt aber gerieten alle in Panik. Es gab keine Vorgesetzten mehr, die durch entschlossenes Handeln den Centurien und Kohorten wieder festen Halt gaben. Tacitus schilderte eine solche Panik im Heer von Germanicus.[123] Ein erschrecktes Pferd löste unter Legionären die Angst vor einem neuerlichen Angriff der Germanen aus. Alle flohen zum Lagertor und waren nicht durch Worte zu halten. Entschlossen legte sich der Legat Caecina quer in den Ausgang auf die Erde. So stoppte er die Flucht der Soldaten.

Von der Lippe bis zur Weser erstürmten die Germanen die relativ schwach besetzten Römerlager und Kastelle, wenn sie überhaupt verteidigt und nicht in überstürzter Flucht verlassen wurden. Tacitus vermerkte diese Flucht in aller Deutlichkeit. Klugerweise legte er aber diese Aussage Arminius in den Mund: »[...] Hier habe man es mit den Römern des Varusheeres zu tun, die ausgezeichnet zu fliehen verstehen [...]«.[124] Vor einem Waffengang der Germanen mit den römischen Truppen von Germanicus sollte Arminius diese Kampfrede gehalten haben. Seine Krieger feuerte er bestimmt auf Germanisch an. Kaum anzunehmen, dass ein Römer diesen kämpferischen Hohn und noch einige Peinlichkeiten mehr unbehelligt mit anhören durfte. Tacitus verwendet den alten rhetorischen Kunstgriff, um über Varus Spott auszugießen und ihn zu kritisieren. In seinem Bericht schwächt er nirgendwo die ärgerlichen Vorwürfe ab. Damit macht Tacitus unmissverständlich klar: So hatte der Berichterstatter es gemeint und so muss es gewesen sein. Bei Cassius Dio suchen wir vergeblich einen entsprechenden Hinweis auf fliehende Legionen.

Nur ein einziges der Kastelle, Aliso, konnte sich gegen den Angriff der Germanen behaupten.[125] Castra Vetera am Rhein wurde wahrscheinlich nicht angegriffen. Bei Velleius Paterculus[126] lesen wir: »Eingeschlossen in Wäldern und Sümpfen [...]

wurden sie Mann für Mann abgeschlachtet, und zwar von dem selben Feind, den sie ihrerseits stets wie Vieh abgeschlachtet hatten [...].« Mit »Mann für Mann« waren keine Truppenverbände gemeint, sondern einzelne Legionäre auf kopfloser Flucht. Vielleicht versuchten die einzelnen Kastellbesatzungen als größere Gruppen sich in Richtung Westen nach Castra Vetera durchzuschlagen. Die Germanen erwarteten sie.

Im Teutoburger Wald wurden seit vielen Jahren immer wieder römische Münzen aus der Zeit von Kaiser Augustus oder früheren Perioden gefunden.[127] Die Fundorte auf dem Winnfeld, in der Stapelager Schlucht, in der Dörenschlucht[128], sowie zwischen Horn (Bad Meinberg) und Schlangen (Bad Lippspringe) könnten die vergeblichen Versuche der fliehenden Legionäre markieren, den Germanen auszuweichen. Neben diesen Durchgängen durch den Teutoburger Wald gab es noch Funde im Eggegebirge am Varusberg bei (Nieheim-)Himmighausen, die auch dazu gehören dürften (siehe Abb. 3, hinterer Umschlag[129]) Der erfahrene Segestes riet Varus: »Nichts werde das Volk wagen, wenn man ihm die Führer weggenommen habe [...].«[130] Der jüngere Arminius hat mit dieser Erkenntnis eine weit überlegene Armee vernichtet.

Die Varusschlacht bestand aus zwei Aktionen. Durch einen Handstreich wurde der Heerführer Varus zusammen mit seinem Führungscorps in einem Lager überrumpelt. Danach wurden die einzelnen Verbände der Legionen auf kopfloser und führungsloser Flucht von den Germanen geschlagen. Ein großes Schlachtfeld kann es daher nicht gegeben haben und wird darum auch nie gefunden werden.

Unter Archäologen ist die Meinung stark vertreten, obwohl es kontroverse Stimmen gibt: Die Varusschlacht fand in der Barenaue am Kalkrieser Berg nahe Bramsche statt[131]. Der Ar-

chäologe Prof. Dr. Wolfgang Schlüter hat dort reiche Funde
von römischer Ausrüstung ergraben.[132] Die vielen gefundenen
Münzen aus der Zeit um Kaiser Augustus erlauben eine eng
eingegrenzte Datierung. Auf einigen Denaren finden sich tiefe
Einhiebe mit (vermutlich) Dolchen.[133] Während einer Empörung von Legionären entlud sich deren Wut in Dolchstößen auf
das Porträt des verhassten und kürzlich verstorbenen Kaisers
Augustus, das diesen Münzen eingeprägt war, vermuten Nu-
mismatiker. Der Aufstand begann, so die Historiker, im August
14 n. Chr. bei der XXI. und V. Legion, die I. und XX. Legion
wurde mit hineingerissen.[134]

Unter den Münzen von Barenaue befinden sich eine Reihe von
Legionsdenaren mit der Prägung der XX. Legion. Diese Legion
war zur Zeit der Varusschlacht noch nicht am Unterrhein nachzuweisen. Bei Funden im Kastell Haltern fehlen völlig Münzen
der XX. Legion aus Pannonien, die erst nach den Ereignissen
im Jahr 9 n. Chr. am Niederrhein die unterbesetzten Lager auf-
füllte. Haltern wurde im Gefolge der Varusschlacht erobert und
möglicherweise später wieder von den Römern bezogen.

Unter Marcus Antonius wurden in den Jahren 32 und
31 v. Chr die Legionsdenare geprägt und den Legionen zuge-
teilt. Diese Münzen zeigen auf einer Seite Adler und Feldzeichen der Legion und tragen die dazugehörige Nummer von
I bis XXIII. Innerhalb der Legion kursierte das Geld, aber auch
bei den anderen Legionen behielt es seine Gültigkeit. Wenn Legionäre oder Kohorten von einer zur anderen Legion wechsel-
ten, nahmen sie natürlich ihr Geld mit. Benachbarte Legionen
machten untereinander Handelsgeschäfte und trugen ihrerseits
zu einem Austausch der Münzen bei. Dadurch kam es zu einer Vermischung des Münzbestandes. Werden größere Mengen
Münzgeld gefunden, können aus der Verteilung der Legionsdenare erste Hinweise auf die dort stationierte Legion gewonnen
werden.[135] Ebenso zeichnet sich ab, welche Verbände an Kämp-

fen beteiligt waren, bei denen das Geld unter die Erde kam.

Münzfunde sind ein hervorragendes Mittel zur Datierung von Ausgrabungen. Nicht nur die verschiedenen Prägungen geben wertvolle Informationen über Prägeorte und Handelswege, sondern die Zeit ist geradezu eingefroren mit der jüngsten gefundenen Münze. Bei den römischen Legionen waren nicht nur Münzen aus Rom, Lyon, Nîmes und anderen Münzstätten im Umlauf. Manche der Kupfer- und Bronzemünzen erhielten einen Gegenstempel wie VAR (für Varus) oder IMP (Imperator). Mit der zusätzlichen Einprägung kennzeichneten die Feldherren gelegentlich Geldstücke, die an ihre Legionen ausgezahlt wurden.[136]

In seinem Buch »Römer an Lippe und Weser«[137] gibt Rolf Bökemeier eine interessante Analyse der Münzfunde in Barenaue an Hand der Legionsdenare wieder, die auf eine gemeinsame Arbeit von Rolf Bökemeier und Wolfgang Lippek[138] zurückgeht. Er vergleicht sie mit vier weiteren Fundorten und kommt zu dem einleuchtenden Schluss, Barenaue hatte mit den Varuslegionen nichts zu tun.[139]

Aus seinen Darstellungen kann ein zusätzlicher Hinweis gewonnen werden. Bekanntlich gehörten zum Heer von Varus die XVII., XVIII. und XIX. Legion, die an Lippe und Weser stationiert waren und dort im Kampf geschlagen wurden. Selbstverständlich und erwartungsgemäß wurden in Haltern an der Lippe Legionsdenare dieser drei Einheiten gefunden. Merkwürdigerweise fehlen am Fundort Barenaue gänzlich Legionsdenare der XVII. und XVIII. Legion, nur einer der XIX. Legion kam ans Licht. In der Barenaue hätte man ähnliche Anteile von Denaren der untergegangenen Varuslegionen erwartet wie in Haltern. Die Zweifel, ob am Kalkrieser Berg und in der Barenaue die Varusschlacht stattfand, werden dadurch immer größer.[140]

Die Beschreibung von Tacitus[141] passt hinsichtlich der Topographie beeindruckend gut auf Barenaue und zum Rückzug von Legat Caecina durch dieses Gebiet mit der I., V., XX. und XXI. Legion. Diese anderen (nicht Varus-)Legionen finden sich in der Sortierung der gefundenen Münzen in der Barenaue recht gut dokumentiert, einschließlich ihrer früheren Nachbarverbände.

Konnte Arminius einen offenen Kampf riskieren?

Von Anfang an war die große Frage, mit welcher Taktik Arminius die überlegene militärische Stärke der Römer bezwingen konnte. Etwa 60 Jahre früher erlitten die Gallier unter Führung von Vercingetorix mit zahlenmäßig großer Übermacht eine vernichtende Niederlage durch Julius Caesar und seine Legionen. Arminius war ein junger Fürst, gerade einmal 27 Jahre alt. Erst zwei bis drei Jahre zuvor hatte er von seinem Vater die Führung des Landes übernommen. Sein Onkel Inguiomerus, der Bruder seines Vaters, war eine Generation älter, ebenso Segestes, der Vater seiner Braut. Die Germanen hatten zu älteren, erprobten Kämpen ein größeres Vertrauen als zu jungen weniger bekannten.[142] Arminius hatte in seinem Alter einfach noch nicht das Ansehen unter den Cheruskern, trotz seiner Fürstenwürde. Bei den Nachbarstämmen kannten ihn noch weit weniger Krieger. Er war zu jung und nicht berühmt genug, um eine ausreichend große Gefolgschaft von etwa 40 bis 60 000 Kriegern zu gemeinsamem Handeln zusammenzuführen. Außerdem ging es den älteren Fürsten gegen die Ehre, sich einem jungen Führer freiwillig unterzuordnen.[143] Sie glaubten alles ebenso gut, wenn nicht besser machen zu können.

Tacitus überlieferte uns die Rivalitäten zwischen Arminius und seinem Onkel Inguiomerus.[144] Ähnlich dachten wahrscheinlich noch andere der älteren Germanenfürsten. Einer von ihnen war Segestes.[145] Der Onkel trieb durch sein falsches Vorpreschen im Kampf gegen Germanicus viele Männer seines Stammes in den Tod. Er bewies damit einmal mehr, dass die Kampfesweise der Germanen trotz allen Mutes der römischen Taktik unterlegen war. Für Germanen hatte ein Kampf zwei Ziele. Sie wollten siegen, Ruhm und Ehre gewinnen und Beute machen. Schon beim Kämpfen hatten sie ein Auge für begehrenswerte Beutestücke. Möglichst bald nach dem Besiegen eines Gegners versuchten sie die Beute zu erhaschen und zu bergen. So ließen sie oft schon vom Kampf ab, noch ehe der Sieg ihres Heeres gesichert war. Diese Schwäche der germanischen Kriegsführung hatte Arminius sicherlich erkannt. Die Römer durften erst Beute machen, als der Kampf für beendet erklärt wurde. Mit harten Strafmaßnahmen wurde diese überlebenswichtige Anordnung durchgesetzt.

Der Schwiegervater, Segestes, neidete ihm den Erfolg gegen Varus und verriet seine Tochter, die Frau von Arminius, und sein ungeborenes Enkelkind an die Römer. Sie hatten als Ältere nicht die Größe, die taktische Überlegenheit des Jüngeren anzuerkennen.[146]

Eine offene Feldschlacht konnte Arminius auf keinen Fall wagen. Das muss dem jungen Cheruskerfürsten zweifelsfrei bewusst gewesen sein. Nach seiner Rückkehr aus römischen Diensten und der Übernahme der Fürstenwürde hatte er im Kreis seiner Kampfgefährten eine anerkannte Führerschaft. Auf diese Kämpfer konnte er bauen, sie folgten seiner Taktik. Damit konnte er sich auf 1500 bis 2000 Cherusker fest verlassen. Mit dieser recht kleinen Truppe musste er einen entscheidenden Sieg erringen, um das Losschlagen der ferneren Stammesteile und der Nachbarstämme auszulösen. Die älteren Germanenführer waren nach den blutigen Erfahrungen mit den Römern erst bei ausreichenden Erfolgsaussichten zum Mitmachen bereit. Die Führerschaft in einem groß angelegten Kampf hätten sie dem jungen, in ihren Augen unerfahrenen Mann, nicht angetragen.

Sobald sein Handstreich im Sommerlager von Varus gelungen war, die Feuerzeichen den Erfolg verkündeten, griffen die Nachbarstämme die führungslosen Römer an. Ohne ihre Offiziere waren die Legionäre zu Gegnern geworden, die mit der traditionellen Kampfweise der Germanen besiegt werden konnten. Die erlittenen Niederlagen und Demütigungen durch die Römer hatten sich bei den Germanen aufgestaut. Jetzt schlugen die Brukterer, Sugambrer, Tenkterer, Marser und Usipeten zu. Rache, Wut, Beute- und Freiheitsdrang bildeten eine aggressive Mischung, die keinen großen Führer mehr brauchte.

Der Plan von Arminius war bestechend einfach und erfolgreich. Seine Kenntnisse von den Gewohnheiten der Römer, insbesondere von Varus, hatte er folgerichtig genutzt. Die realistische Einschätzung der Möglichkeiten der Germanen, speziell seiner eigenen, bestimmte sein Handeln. Fünf Jahre später unternahm Germanicus einen erneuten Versuch, die Germanen zu unterwerfen und für die Niederlage der Römer Rache zu üben. Nun konnte Arminius die germanischen Stämme mit der Autorität eines Siegers führen, nachdem er den Älteren seine Überlegenheit gezeigt hatte. Er fügte Germanicus' Heer immer wieder empfindliche Verluste zu und demoralisierte die acht Legionen. Dabei blieb er stets im Rahmen seiner Möglichkeiten und mied eine große, blutige Schlacht. Schließlich ordnete Kaiser Tiberius das Ende dieser glanzlosen Kämpfe und den Rückzug an. Die Römer bewunderten Arminius als glücklichen Gegner.

Nahe »Heilige Haine«

Das Sommerlager von Varus konnten wir bisher nicht auffinden. Aus den Texten gelang der Rückschluss: Es lag nahe bei Aliso. Dorthin flohen die Legionäre, die das Geschehen der Schlacht miterlebten.

Geradezu beiläufig fällt bei Tacitus[147] der Satz: »In den benachbarten Hainen standen die Altäre der Barbaren, an denen sie die Tribunen und Centurionen der ersten Rangstufe geschlachtet hatten.«[148] Mitten im Rundgang über das Schlachtfeld steht der Satz. Während der makabren Besichtigung des Ortes der Schlacht enthält die Schilderung diesen einen Hinweis. Ganz nebenbei wird die Stelle gezeigt, wie schon vorher und nachher die anderen Schauplätze der grausigen Ereignisse. Daraus ergibt sich: Heilige Haine der Germanen lagen im unmittelbaren Umkreis des Sommerlagers.

Wo könnten heilige Haine in der Nähe von Aliso oder in der Nähe von Schloss Neuhaus gelegen haben? Im Kapitel »Der letzte Hafen: Aliso« hatten wir schon einen Kreis von etwa 8 Kilometern um Schloss Neuhaus gezogen, in dem wir das Sommerlager erwartet hatten.

Ritter-Schaumburg[149] schlägt die Externsteine bei Horn-Bad Meinberg vor. Sie sind wohl der bekannteste Ort im weiten Umkreis, der immer mal wieder mit obskurer Magie in Verbindung gebracht wird. In Horn fand man eine große Zahl Hufeisen. Sie könnten von den Römern stammen. Aber fast 1000 Jahre danach sahen die Hufeisen noch genauso aus. Darüber hinaus wurde nichts gefunden, was auf eine Schlacht hinweist. Außerdem liegt der Ort mehr als 20 Kilometer von Aliso entfernt. Welche Chancen hätten fliehende Römer auf diesem langen Weg durch die Wälder voller Germanen gehabt?

Millhoff[150] erscheint das Tönsberglager bei Örlinghausen[151] als möglicher Ort für einen heiligen Hain. Ganz bestimmt handelte es sich um eine Fliehburg auf der Höhe des Teutoburger Waldes. Auch eine heilige Eiche könnte dort gestanden haben, die von den Germanen als Irminsul oder Donar-Eiche verehrt wurde. Von mächtigen Eichen auf hohen Bergen glaubten die Germanen, an ihnen sei der Himmel befestigt. An solchen Orten mit altem Volksglauben errichteten fromme Christen häufig eine Kapelle, um den alten Zauber abzuwehren. Auf dem Berg stand eine Kapelle. Sie könnte eine Bestätigung für den alten Kultort sein. Die Entfernung zwischen dem Berg Tönsberglager und Aliso misst mehr als 20 Kilometer Luftlinie. Für Fliehende aus dem umkämpften Sommerlager bedeutet das eine fast aussichtslose Entfernung. Die Versorgung von etwa 1200 Mann mit genügend Trink- und Brauchwasser dürfte auf dieser trockenen Höhe oder an einem der Abhänge ein wirklicher Engpass gewesen sein.

Die Literatur zur Varusschlacht enthält noch sehr viele weitere Vorschläge für die Stelle, wo die Schlacht oder das Sommerlager zu suchen sei. Zum Beispiel die These von Paul Höfer[152], Aliso könnte auf der Flussinsel zwischen Lippe, Alme und Pader gelegen haben. Leider wurde diese Vermutung durch Grabungen auf dem Gelände von Schloss Neuhaus nicht bestätigt. Auf die Diskussion von weiteren einzelnen Thesen und Gedanken soll hier verzichtet werden. Sie gehen fast immer von der ungenauen Beschreibung der Örtlichkeit von Cassius Dio aus, die ausufernde Interpretationen zulässt.

Suchen wir im Umkreis von Aliso einen Ort in höchstens 18 Kilometer Entfernung, der den Germanen Ehrfurcht vor den Naturgewalten eingeflößt haben könnte. Um keinen potentiellen Punkt auszuschließen, wurde der Kreis größer gezogen als 10 Kilometer, der halben Entfernung zwischen zwei Lagern von Tagesetappen der römischen Legionäre. Uns fallen die nahen Paderquellen ein. Nur 5 Kilometer weit von Aliso kommen diese beeindruckenden Quellen aus der Erde. Das ganze Jahr hindurch fließen die Wasser und vereinigen sich zu einem kleinen Fluss, die Pader. Noch heute ist das viele emporquellende Wasser im Park der Stadt Paderborn ein Erlebnis. Würde es wundern, wenn dieser Ort an den stärksten Quellen von den Germanen als heilig empfunden wurde? Wenn die Menschen beim Betreten dieses Waldes einen Schauer empfanden? Sie glaubten daran, dass dem Hain etwas Besonderes innewohnen musste. Vielleicht wohnten dort Götter, denen man besser Altäre errichtete und Opfer bringen sollte. Bei der verstreuten Lage der Quellen sind mehrere Altäre denkbar, daher auch der Plural »Hainen« in der Beschreibung von Tacitus.[153] In der weiteren Umgebung von Schloss Neuhaus oder Paderborn gibt es keinen ähnlich beeindruckenden Ort.

Die Quellen und Quellseen in Bad Lippspringe sind geologisch eine ähnliche Formation, aber nicht so imponierend in ihrer Erscheinung. Sie könnten durchaus germanische Kultplätze gewesen sein, die verehrt wurden. Die religiöse und kultische Bedeutung dieser Stelle scheint nicht übermäßig auffällig gewesen zu sein, denn die Kirche sah sich nicht zu einem größeren Sakralbau veranlasst, ganz anders in Paderborn.

Das benachbarte Sommerlager

»In den benachbarten Hainen standen die Altäre der Barbaren [...]«, so heißt es bei Tacitus. Wie weit wären diese »benachbarten Haine« vom Sommerlager entfernt gewesen? Über welche Strecke hätten die Germanen die widerstrebenden oder auch schon halbtoten Römer zerren und schleppen können? »Benachbart« kann eine Entfernung von wenigen Metern bis höchstens einem Kilometer sein. Das heißt, dass das gesuchte Römerlager in Nachbarschaft zu den Paderquellen gelegen haben könnte. Ein ausreichend trockenes Gelände auf trockenem Boden müsste es gewesen sein und mit gutem Wasser versorgt gewesen. Damit sind wir mitten im Stadtkern von Paderborn. Nun brauchen wir Archäologen, die durch Grabungen den Beweis erbringen. Doch alles ist seit Jahrhunderten überbaut. Neue Keller wurden ausgehoben und Grundmauern gezogen. Ein Bombenkrieg hat die Stadt umgepflügt. Nach 2000 Jahren durch Grabungen noch etwas zu finden, wagt kaum jemand zu hoffen.[154] Die bisherigen zahlreichen Einzelfunde bei Bauarbeiten im Stadtbereich können auf eine fortdauernde Besiedelung seit römischer Zeit hindeuten.

Um so verwirrender ist ein gleichmäßiges Rechteck von Straßen mitten in einer mittelalterlichen Stadt. Die Straßenpläne von städtischen Siedlungen lassen viel von ihrer Entstehung erkennen. Sie wuchsen im Idealfall ähnlich wie Zwiebelringe um einen Hof oder um eine Burg herum. Weil nach einigen Jahrzehnten innerhalb der schützenden Stadtmauer kaum noch Platz vorhanden war, wurden Häuser vor die Mauern gebaut. Schließlich wurde die Stadtmauer erweitert, um den Neubauten Schutz zu bieten. So dehnten sich die Städte um immer weitere Ringe aus. Hatte sich der Ort um einen Burgfelsen herum angesiedelt oder entlang eines Flusses, dann gab es Abweichungen von der Idealform eines Stadtbildes.

Der Stadtplan von Paderborn stellt diese Beobachtung auf den Kopf. Das mittelalterliche Stadtzentrum im Bereich des Domes zeigt ein regelmäßiges Straßengeviert. Die Straßen dort sind fast schnurgerade und kreuzen sich im rechten Winkel. Die Häuserzeilen verlaufen gerade, obwohl sehr störende Hindernisse im Terrain vorhanden sind. Ein Rechteck aus Heiersstraße – Mühlenstraße – Michaelstraße – Am Abdinghof – Markt – Am Bogen springt geradezu ins Auge (Abb. 4, hinterer Umschlag, innen [155]). Es hat die klassische Abmessung von etwa 250 x 320 Metern. Ein Römerkastell mitten in Paderborn?[156] Haben Menschen vor 2000 Jahren ihre Häuser im Schutz der vorgefundenen Wälle aufgebaut? Haben sie die alten befestigten Straßen weiter benutzt, dort entlang ihre Hütten und Häuser errichtet? Die Stadt wuchs später um den ältesten Kern herum. Die Erweiterungen folgten den Bedürfnissen der Bewohner. Die neueren Straßen umschlossen bogenförmig das Kastell als Zentrum ganz entsprechend den typischen Bauweisen anderer mittelalterlicher Städte.

Ein Kastell in der Größe dieses auffälligen Straßengevierts hätte etwa zwei bis drei römischen Kohorten Platz geboten. Am Haupttor auf der Höhe und dem Feind abgewandt wurde Markt gehalten. Noch heute liegt dort der Markt! An der Stelle des Domes kann man sich sehr wohl die principia vorstellen und das prätorium, das Wohngebäude von Varus. Ob an einer günstigen Stelle eine Therme gebaut worden war, vielleicht im Bereich der Mühlstraße? Die Keramik und Münzfunde aus der Periode von Kaiser Augustus im Stadtkern von Paderborn zeugen von intensiver und fortdauernder Nutzung dieses Platzes.[157] Der Henkelkrug am »Schützenplatz« könnte die Lage der canabae markieren, des Budendorfes vor dem Kastell. Im Museum in der Kaiserpfalz von Paderborn wird eine Münze ausgestellt aus der Zeit von Kaiser Valentinian I (364–375 n.Chr.). Sie und viele andere Funde in den letzten 15 Jahren sind als Hinweise auf eine fortgesetzte Besiedelung des Ortes gedeutet worden.

Das sprudelnde Wasser aus vielen Quellen muss Varus fasziniert haben. Er kam aus dem wasserarmen Syrien. Hier, mitten in Germanien, erlebte er klares Wasser in üppiger Fülle, kühl und trinkbar, verlockend zum Baden. Ein Gefühl von Luxus überfällt einen Menschen, der stets mit Trockenheit und Wassermangel leben musste. Varus vermisste den Luxus von Rom. Nun bot sich ein wunderbarer Platz an, der auch noch genüssliches Baden versprach.

Die Stelle war für ein Kastell wie geschaffen. Der feste, trockene Untergrund eignete sich sehr gut für Bauten. Ein ebenes Gelände lag in Richtung Süden und Westen vor dem Tor als Lagerplatz für die Zelte von Besuchern und durchziehenden Truppenverbänden. Der Domhügel bot sich als Platz an für eine repräsentative principia. Das ganze Jahr hindurch gab es reichlich Wasser. Könnte die Quelle unter der Kaiserpfalz schon das ganz private Bad von Varus gespeist haben? Nur eine Stunde Fußweg entfernt lag das Kastell Aliso. In 2 ½ Stunden war Anreppen zu erreichen. Es vermittelte ein Gefühl von Sicherheit in nächster Nähe. Die Mückenschwärme aus den sumpfigen Niederungen von Rhein und Lippe erreichten nicht diese höhergelegene Stelle. Dieser Platz lockte als eine angenehme Sommerfrische: Wenig lästige Insekten, viel Wasser zum Baden – das war kein karges Lager weit ab von jeder Annehmlichkeit.[158]

Aus der Sicht der Römer mit Blickrichtung nach Osten von Castra Vetera aus gesehen, befand sich Aliso und auch Paderborn »haud procul saltus teutoburgiensis«, nicht weit entfernt vom Teutoburger Wald.[159] Ganz sicher war nicht gemeint »auf«, auch nicht »hinter«, sondern »vor« dem Teutoburger Wald. Hier war »vor dem Wald«. In der damaligen Zeit zogen sich die Wälder aus den Talauen der Alme und Lippe die Berghänge des Teutoburger Waldes hinauf. Die Paderborner Hochfläche war recht trocken und wurde noch nicht für die Feldwirtschaft

genutzt. Sie wird sicherlich zur Zeit der Römer noch ganz mit
Wald bedeckt gewesen sein.

Obwohl die Übersetzung dieses Zitates mit »nicht weit entfernt vom Teutoburger Wald« allgemein üblich ist, enthält sie
ein Missverständnis. Der Name »Teutoburger Wald« kam erst
im 17. Jahrhundert auf. Zuvor waren Bezeichnungen wie Lippi-
scher Wald oder Osning in Gebrauch. Roland Linde[160] weist auf
die frühe Erwähnung im Jahr 783 hin.[161] Dort erscheint »Theotmalli (Detmold) am Berg Osnegge, einem aus mittelalterlichen
Urkunden hinlänglich bezeugten Namen für den Höhenzug bei
Detmold«.[162] In einer Urkunde aus dem Jahr 1002 ist die Rede von »Osnig et Sinidi« (Osning und Senne)[163]. Zur Zeit der
Römer war die Bezeichnung »Teutoburger Wald« noch unbe-
kannt.

Das »saltus teutoburgiensis« aus Tacitus kann auch anders
gelesen werden, als es sich eingebürgert hat. Saltus bedeutet
ebenso »Sprung, Waldtal, Schlucht, Gebirge, Gebirgspaß«.
Demnach müsste übersetzt werden »nicht weit entfernt vom
Wald (vom Abhang oder vom Gebirgspass) der Teutoburg«. Das
Wort »Teutoburg« hatten die Römer sicherlich von den Germanen gehört und als Bezeichnung für einen markanten Ort
übernommen. Der römische Chronist hatte sich bemüht, den
fremden Sprachklang mit römischen Buchstaben entsprechend
der römischen Aussprache wiederzugeben.

Roland Linde schreibt: »Teutoburg bedeutet nach mehrheit-
licher Ansicht der Sprachwissenschaftler soviel wie ›Volks-
burg‹.«[164] Darunter kann man eine Fliehburg für die umliegende
Bevölkerung verstehen, im Gegensatz zu einer Fürstenburg.[165]
Nach dieser Fliehburg wird gesucht. Die Silbe »Teut-« war kein
einmaliger Name für einen bestimmten Ort. »Offensichtlich bezeichnete man in im alt- bzw. mittelniederdeutschen mit »Teut«,
»Tött« u. ä. kleinere und größere Erhebungen.«[166]

Weil der Berg »Grotenburg«, auf dem das Herrmannsdenkmal steht, bis ins 15. Jahrhundert »Toyt« hieß und erstmals 1475 als »groute borch« (große Burg) erwähnt wurde[167], glauben manche Autoren, die Suche sei beendet. Auch der Name eines Hofes unterhalb der Grotenburg »Teutenmeiger« (im Jahr 1497 »de Toytenmeiger«) stützt die Vermutung. Für den Historiker Roland Linde kann daraus nicht die Rechtfertigung für eine Identifikation der Grotenburg mit der Teutoburg abgeleitet werden.[168] In der näheren und weiteren Umgebung gibt es ähnliche eisenzeitliche Wallanlagen. Außerdem führt Roland Linde sprachwissenschaftliche Gründe an.[169] Die Historiker und Sprachforscher neigen nicht dazu, die These zu stützen, die Teutoburg bei Tacitus wäre mit der Grotenburg gleichzusetzen.

Obwohl sich diese schöne Vermutung nicht zu einem Indiz verdichten lässt, kann festgestellt werden:

Der Höhepunkt der Varusschlacht muss in Paderborn stattgefunden haben. Dort trifft die Beschreibung von Tacitus vom Kampfplatz im Sommerlager und der nahegelegenen heiligen Haine der Germanen zusammen. Zwanglos fügt sich dieser Platz ein in die logistischen Vorgaben des römischen Truppenaufmarsches entlang der Lippe mit Richtung Weser und Elbe.

Die Lokalisierung des Sommerlagers in Paderborn wird noch durch einen weiteren Hinweis bei Tacitus gestützt.[170] »Caecina wurde vorausgeschickt, um die entlegenen Waldgebiete zu durchforschen und über das sumpfige Gelände und den trügerischen Moorboden Brücken und Dämme zu führen.« Das Wort »durchforschen« kann sich auf Germanen im Hinterhalt beziehen. Man wollte keine Überraschung erleben. Es kann ebenso bedeuten »den Weg zu suchen«.

Wo stand Germanicus 15 n. Chr. als er das Varusschlachtfeld mit seinen Legionen besuchen wollte? Die Stelle beschrieb

Tacitus recht genau: »Dann führte er sein Heer weiter bis zu der äußersten Grenze der Brukterer, und das ganze Gebiet zwischen den Flüssen Amisia (Ems) und Lupia (Lippe), nicht weit entfernt vom Wald der Teutoburg [...] wurde verwüstet.«[171] In dieser Gegend lag das Kastell Aliso. Auch wenn die Germanen es im Jahr 9 n. Chr. niedergebrannt hatten, konnten die Römer diesen günstigen Platz wieder herrichten mit weniger Aufwand als für einen Neubau. Tatsächlich haben sie so gehandelt. Nun konnte Germanicus diesen Ort als Ausgangslager für seinen Rachefeldzug gegen die Brukterer nutzen. Mit Reitertruppen konnte er ein recht großes Gebiet erreichen, die Höfe und Dörfer der Brukterer niederbrennen und das Land verwüsten. Im folgenden Jahr musste Germanicus das belagerte Aliso wieder freikämpfen.[172] Er hatte offensichtlich dort eine Soldatenbesatzung stationiert. Die nützlichste Investition für das anrückende Heer von Germanicus waren die vorhandenen befestigten Straßen. Die Germanen hatten wohl kaum die Römerstraßen zerstört.

Der Chronist stand also im Kastell Aliso[173] und beschrieb aus dieser Sicht das weitere Vorgehen. Der längere Weg von Schloss Neuhaus/Wilhelmsberg (Aliso) zum Sommerlager führte Richtung Westen über die Lippe bis zum Dorf Elsen. Weiter ging es nach Norden bis etwa zum Dorf Wewer. Dann wurde die Furt bei Barkhausen durch die Alme Richtung Osten genommen.[174] Teile dieser Strecke waren von Römern bis 9 n. Chr. ausgebaut und genutzt worden. Die Brücke über die Lippe hätte von Caecina wieder neu gebaut werden müssen. Mehr als sechs Jahre nach ihrer Errichtung wäre das unbehandelte Holz schon stark verfault gewesen. Dieser Weg durchquerte zweimal sumpfige Auen an den beiden Flüssen Lippe und Alme.

Der kürzere Weg wird nach Süden geradewegs nach Paderborn geführt haben. Er musste auf beiden Seiten des Flusses die feuchte Niederung der (oberen) Lippe kreuzen. Über die

Lippe wurde sicherlich eine Brücke geschlagen. Zur Zeit von Varus verlief wohl auf der selben Route ein Fuß- und Reitweg, der Aliso mit dem Sommerlager verband. Die jetzige Lage der Dubelohstraße von Schloss Neuhaus nach Paderborn könnte dem Weg von Caecina entsprechen[175]. Diese kurze Wegstrecke könnten die Fliehenden aus der Schlacht im Sommerlager und dem canabae genommen haben.[176] In den Hütten der canabae lebten Frauen und Kinder der Legionäre. Ebenso boten dort Handwerker und Gastwirte ihre Dienste an. Viele der dienstfreien Legionäre werden sich an dieser Stelle aufgehalten haben und konnten so in das Kastell Aliso fliehen, als der Kampf begann.

Beide Wege von Aliso führten durch Sumpfgelände und über Wasserläufe, die auf Brücken zu überqueren waren. Für beide Strecken könnte die Beschreibung von Tacitus durchaus passen: »Caecina wurde vorausgeschickt, um [...] über das sumpfige Gelände und den trügerischen Moorboden Brücken und Dämme zu führen.«

Wir haben einfach angenommen, dass an den Paderquellen eine germanische Kultstätte war. Leider gibt es bisher keine Funde, die das belegen. Es gibt aber einen starken Hinweis auf die überragende kultische Bedeutung dieses Ortes. Das Christentum baute mit Vorliebe an heidnischen Stätten eigene Kapellen, Kirchen oder gar Dome. Je höher die alten magischen Kräfte an einem Ort angesehen waren, um so größer das Bemühen der Mönche und Priester, sie vergessen zu machen. Die frühe Erwähnung von Paderborn, der Bau der Basilika, später des Domes mitten in den Wäldern Germaniens, hebt den Platz an den Paderquellen hervor. Die Stadt lag nicht weit von der Wegkreuzung einer Ost-West- mit einer Nord-Südstraße. Sonst gab es weder Erze oder Edelmetalle noch eine überreiche Landwirtschaft, die Ursache für die Entstehung eines so wichtigen Siedlungsplatzes gewesen sein könnten. Ein solcher Aufwand

muss seinen Grund gehabt haben. Waren die Paderquellen von
Paderborn ein herausragender alter Kultplatz?[177]

Cassius Dio und Theodor Mommsen

Unsere Geschichtskenntnisse über die römische Kaiserzeit um Christi Geburt beruhen im Wesentlichen auf der Historia Romana von Cassius Dio. Dieser römische Senator schrieb eine römische Geschichte in 80 Büchern von der Gründung Roms bis 229 n. Chr. Er wurde um das Jahr 155 n. Chr. in Nikäa[178] geboren und starb um 235 n. Chr. Er bekleidete zweimal das Amt eines Konsuls und war Statthalter in Africa, Dalmatien und Oberpannonien.

Von den Historikern, die uns Berichte zur Varusschlacht vermittelten, war er der zeitlich Fernste. Mehr als 200 Jahre lagen zwischen den Ereignissen im Teutoburger Wald und seinen Darstellungen. Seine Bücher verfasste er in Griechisch, obwohl er mit Sicherheit Latein in Wort und Schrift beherrschte. Um so merkwürdiger, daß er nicht Latein für sein Werk wählte. Stand dahinter die Furcht, doch etwas Kritisches über den Kaiser zu schreiben? Griechisch war die Fremdsprache, die Gebildete gelernt hatten. Seine Aufzeichnungen konnten daher von der Oberschicht gelesen werden.

Als Senator hatte er Zugang zu den Archiven mit den offiziellen Senatsberichten. Als er am 53. Buch schrieb, drängten sich ihm Zweifel auf, ob die vorgefundenen Unterlagen die Tatsachen richtig wiedergaben. Er hegte den Verdacht, dass propagandistische Verfälschungen ein gänzlich anderes Bild der geschichtlichen Ereignisse zeichneten[179]:

»Ich habe daher meinerseits die Absicht, in sämtlichen derartigen Fällen lediglich, was überliefert wird, niederzuschreiben, ohne mich damit zu beschäftigen, ob [...] die Überlieferung der Wahrheit entspricht oder nicht.«[180] Deutlicher kann man seine trüben Quellen nicht kennzeichnen. Er zweifelt an der Zuverlässigkeit und dem Wahrheitsgehalt der vorgefundenen Dokumente in den Archiven des Senats. Können wir sie dann mit

mehr Vertrauen lesen als Cassius Dio selbst? Können wir jeden
kritischen Zweifel an einem solchen Bericht unterdrücken?

Als Folge des Gebotes von Kaiser Augustus bestand die Gefahr, nur zensierte Schilderungen vorzufinden. Niemand trau-
te sich etwas Negatives über den Kaiser oder seinen Clan zu
schreiben, auch nicht für den internen Gebrauch. Cassius übernahm vorsichtshalber die offizielle Lesart und Darstellung der
Varusschlacht. Als Historiker nahm er für sich in Anspruch,
nach eigener (vorgefasster?) Meinung Änderungen anzubrin-
gen.[181] Damit berührt er seine eigene Glaubwürdigkeit. Verfälschungen mit bösartiger Absicht sollen ihm damit nicht unter-
stellt werden.

Die Passage aus Cassius Dio, die seine Beschreibung der
Varusschlacht enthält, wird in den Anmerkungen wiedergegeben.[182] Von Veh[183] übersetzte 1986 diesen Text in ein moderne-
res Deutsch. Daher wurde diese Fassung älteren (z. B. Woyte[184])
vorgezogen.

Als Theodor Mommsen im Jahr 1885 den 5. Band seines Werkes »Römische Geschichte« herausbrachte, griff er
auf die Beschreibung der Varusschlacht von Cassius Dio zurück. Weiterhin waren ihm die Stellen mit Bezug zur Varusschlacht bei Velleius[185], Florus[186] und Tacitus[187] bekannt. Daraus fasste er ein Kapitel zusammen.[188] Ihm fielen zahlreiche
Widersprüchlichkeiten auf. Er stützte sich darum weitgehend
auf die Darstellung von Cassius Dio und äußerte sich abfällig
über Florus.[189] Von Velleius und Tacitus verarbeitete er einige
Versatzstücke, soweit sie in die Version von Dio hineinpassten.
Schließlich vermerkte er als Fußnote: »Der Dionische Bericht,
der einzige, der diese Katastrophe in einigem Zusammenhang
überliefert, erklärt den Verlauf derselben in genügender Weise.«[190] Einfacher ausgedrückt: »Der zusammenhängende Bericht von Dio erklärt den Verlauf der Varusschlacht.« Sollte
damit jede Widerrede für alle Zeiten ausgeschlossen werden?

Nur weil die flüssige Beschreibung einer Geschichte angeboten wird, muss sie nicht notwendigerweise wahr sein und stimmen. Die Darstellung von Cassius Dio erscheint auf den ersten Blick durchaus glaubwürdig. Sie hat schon viele mit ihrer scheinbar schlüssigen Abfolge der Ereignisse getäuscht.

Professor Theodor Mommsen lebte von 1817 bis 1903, bekam 1848 eine Rechtsprofessur in Leipzig. 1852 wurde er Professor für Römisches Recht und 1858 für Alte Geschichte in Berlin. Im preußischen Landtag und von 1881 bis 1884 im Reichstag war er Abgeordneter. Als erster Deutscher erhielt er 1902 den Nobelpreis für Literatur.[191] Die Bände 1 bis 3 seines großen Geschichtswerkes erschienen 1854 bis 1856, der 5. Band kam 1885 heraus. Band 4 entstand aus Mitschriften von Vorlesungen, die B. und A. Demandt angefertigt hatten.

Schon kurz nach dem Erscheinen des 5. Bandes machte Paul Höfer[192] auf vielerlei Unstimmigkeiten aufmerksam. Höfer hatte sich wahrscheinlich schon seit 1874 mit dem Thema Varusschlacht beschäftigt. Mit Akribie und klarem Denken drang er in die vielfältigen Details ein. Von Vorteil waren ihm seine guten Kenntnisse beider antiken Sprachen, Latein und Griechisch. In seinem sehr lesenswerten Buch begründete er Punkt für Punkt seine Kritik. Schließlich kam er folgerichtig zu dem Schluss, die Darstellung bei Cassius Dio muss eine Erfindung von römischen Beamten der Administration sein.[193] Eine Schilderung der peinlichen Katastrophe sollte in einer offiziellen Form im Archiv des römischen Senats auffindbar sein. Dazu musste mit einer beschönigenden Beschreibung der Vorgänge der wahre Verlauf verschleiert werden. Mommsen reagierte auf die Vorbehalte von Höfer und anderer Kritiker sehr ungehalten und mit einer Arroganz, die er wohl aus seiner fachlichen und gesellschaftlichen Stellung ableitete. Selbst mit dem klügsten Buch konnte man nicht die Autorität und die Irrtümer eines dreifachen Professors erschüttern. Also lernen seit Genera-

tionen Schüler und Studenten treu und brav eine Geschichtsfälschung, denn auf Dio und Mommsen beruhen unsere Ge-
schichtsbücher, bis heute![194]

Schon einige Jahre früher legte Leopold von Ranke (1795–
1886) im 4. Band der »Weltgeschichte« seine Gedanken zu den
Vorgängen der Varusschlacht nieder. Er stellte fest, dass die
Schilderung von Cassius Dio sich nicht mit Velleius und Florus
in Einklang bringen lässt. Ohne sich für eine Seite zu entschei-
den, lässt er es damit bewenden, auf die unterschiedlichen Aussagen der Texte hinzuweisen.[195]

»Die Glaubwürdigkeit des Dio Cassius« und die von Mommsen untersuchte Ritter-Schaumburg.[196] Mit logischer Akribie
ging er den vielen Widersprüchen und Unmöglichkeiten nach.
Eine Kostprobe daraus mag genügen, in der der Verfasser sich
mit folgendem Dio-Zitat auseinandersetzt: »Die Bäume [im
Teutoburger Wald] standen dicht gedrängt und waren übergroß
[…].« (Dio 20.1) Dazu Ritter-Schaumburg: »Übergroße Bäume stehen nicht dicht, und dicht stehende Bäume werden nicht
übergroß.«[197] Er unterstützt Höfer und schließt sich seiner Fol-
gerung an: Der Cassius-Dio-Bericht erzählt einen anderen Vorgang. Er trägt viele Merkmale einer gezielten Fälschung und
Desinformation. Die unschlüssige Strategie des Feldherrn, die
übertriebene Schilderung von Belastungen der Legionäre und
von unvorhergesehenen Ereignissen sind ebenso wie die ver-
schwommenen Beschreibungen der Örtlichkeiten verdächtige
Anzeichen. Nach dieser Erkenntnis trägt er mit vielen eigenen
Gedankengängen zu weiteren Entschlüsselungen der Informationen von Velleius, Florus, Frontin und Tacitus bei. Auf Seite
48 seines Buches bündelt er seine Schlussfolgerungen: »Denn
wenn man Dio Cassius ganz ausschaltet, ergibt sich der Verlauf der Dinge [d. h. der Varusschlacht, Anm. d. Verf.] fast von
selbst.«

Manfred Millhoff setzt sich in seinem Buch »Varusschlacht

und Irminsul« quellenkritisch mit Cassius Dio auseinander:[198] »Erst recht nach der Lektüre dieser Kapitel[199] wuchsen in mir die Zweifel an der Richtigkeit der dionischen Darstellung der varianischen Niederlage. Wenn aber bereits Dio Zweifel an der Wahrheit der Staatsarchive hegte, war es dann nicht gerechtfertigt anzunehmen, daß diese archivierten Senatsunterlagen, wie oft vorher und noch häufiger nachher, geschönte Berichte beziehungsweise gezielte Desinformationen enthielten und bewußt die wahre Ursache dieser römischen Katastrophe verschleierten.«[200] Konsequent hat er sich von Cassius Dio abgewandt und aus den anderen Quellen viele Hinweise zusammengetragen und bewertet.

Alle drei Autoren fühlen sich durch die gehäuften Widersprüche bei Cassius Dio zu detailreichen Untersuchungen und Schlussfolgerungen gedrängt. Jeder für sich kommt zu dem Schluss: Der Bericht ist erfunden. Sie alle zu lesen, ist bestimmt sehr reizvoll. Hier sollen sie nicht wiedergegeben werden. In ihrer Fülle werden sie mehr den Historiker ansprechen.[201] Vielleicht hat einer von ihnen den Mut, die Voreingenommenheit und die Euphorie von Patrioten und Vaterländischen des Nachmärz geradezurücken. Für ihn wurden die Anmerkungen am Ende dieser Schrift zusammengestellt, natürlich ebenso für ein forschendes Interesse und kritisches Überprüfen.

Tacitus führte uns zu dem Ausgangspunkt der Varusschlacht in Paderborn. Die Formel vom »Schlachten in den Sümpfen und Wäldern« bei Velleius[202] und Florus[203] konnten wir hoffentlich richtig deuten. Die führungslosen Legionäre wurden auf ihrer kopflosen Flucht nach Xanten (Castra Vetera) von den Germanen Mann für Mann erschlagen. Bei unseren Überlegungen fehlte uns nicht die Darstellung der Ereignisse von Cassius Dio, noch konnte sie uns irritieren. Es war gut, seinen bildhaften Bericht als gezielte Desinformation zu behandeln und nicht mit in unsere Überlegungen einzubeziehen. Über das ganze

Gebiet des Teutoburger Waldes verstreut liegen die Orte der Varusschlacht, je nach Vorschlag eines anderen Autors. Bis in die neueste Zeit versuchten diese Verfasser nach oftmals bewundernswertem Quellenstudium und scharfsinnigen Vermutungen die inneren Widersprüche dieses Berichtes aufzulösen. Cassius Dio gibt ihnen allen Recht. Mit seinen unbestimmten Ortsangaben in der Hand irren sie auch weiter durch die Wälder zwischen Senne und Weser.

Arminius hat mit seinen Cheruskern und den Nachbarstämmen die Römer aus Germanien östlich des Rheins vertrieben. Die Varusschlacht war sein erster großer Sieg. Den dauerhaften Erfolg brachten seine vielen kleinen und größeren Kämpfe gegen die acht Legionen von Germanicus in den Jahren 15 und 16 n. Chr.; Tacitus bewunderte diese Leistung[204]:

»Unstreitig war er [Arminius, Anm. d. Verf.] der Befreier Germaniens, der das römische Volk nicht am Anfang seiner Geschichte, wie andere Könige und Heerführer, sondern das in höchster Blüte stehende Reich herausgefordert hat, in den einzelnen Schlachten nicht immer erfolgreich, im Krieg unbesiegt. Er wurde 37 Jahre alt, zwölf Jahre hatte er die Macht in Händen, und noch immer besingt man ihn bei den barbarischen Völkern.«[205]

Nachwort

Beim Lesen von Theodor Mommsen spürt man seine Bewunderung für die römische Kultur, den römischen Staat und die militärische Leistung der Römer. In ähnlicher Weise empfinden wir in unserer Zeit eine Hochachtung auch vor anderen früheren Kulturen. Ein entsprechender Respekt gilt der Kultur der Griechen oder Etrusker. Mit vielleicht weniger Emotionen als unsere Vorväter können wir über das Handeln der Römer nachdenken sowie nach ihren Zielen und Absichten fragen. Kritisches Analysieren und Auswerten muss nicht respektlos sein.

Die meisten Erfinder haben nicht in einsamer Größe etwas entdeckt. Ihre Leistung stützt sich auf vielfältige Ideen ihrer »Vordenker«. Die Fairness verlangt Herkunft und Quelle des verwendeten Gedankens anzugeben. Ein grundsätzliches Einverständnis mit dem gesamten Werk des jeweiligen Autors ist damit nicht verbunden. Die vorliegende Arbeit fand bei Heinz Ritter-Schaumburg die entscheidende Anregung zur kritischen Textanalyse. Von Paul Höfer und Manfred Millhoff wurde das tiefgehende Verständnis für die Einzelheiten der Überlieferung übernommen. Wilhelm Leise[206] öffnete den Blick für die Bewegungsmöglichkeiten eines Heeres in einer ursprünglichen Landschaft ohne feste Straßen. Eckhard Bremer[207] bewies, dass die Römer die Lippe zum Transport ihrer Versorgungsgüter nutzten. Rolf Bökemeier[208] und die Mitglieder seines »Freundeskreises für Römerforschung im Weserbergland« trugen mit der Auswertung von Luftbildaufnahmen und Fundmünzen wichtige Hinweise zusammen. Vielerlei Einzelfragen wurden in freudlichem Bemühen von Damen und Herren beantwortet, die in der Danksagung genannt sind. Ihnen allen möchte ich als geistigen Vätern mit Hochachtung danken.

Zum Thema Varusschlacht gibt es sehr viele verschiedene

Denkansätze. Vielleicht wurde eine Auseinandersetzung mit den unterschiedlichen Theorien erwartet. Diese Absicht bestand nicht und sollte auf keinen Fall verfolgt werden.

Die zahlreichen Verweise auf verwendete Texte sollen eine kritische Beurteilung erleichtern. Viele Zitate wurden bewusst ausführlich wiedergegeben, um ein rasches Nachlesen in dem Originaltext zu ermöglichen. Die Übersetzungen der lateinischen Zitate von verschiedenen Autoren weichen zeitbedingt in der Wortwahl etwas voneinander ab. Jede Übersetzung wollte möglichst genau den Sinngehalt der lateinischen Worte treffen – die Ergebnisse sind dennoch unterschiedlich.

Die Überlegungen und Ableitungen aus der vorhandenen Literatur erscheinen logisch. Als Theodor Mommsen seine Version der römischen Geschichte schrieb, bewegte er sich besonders bei der Schilderung der Varusschlacht im Bereich von Spekulationen, die er für zutreffend hielt. Nun haben wir uns an seine Darstellung gewöhnt und folgen ihr wie einer unbedingten Wahrheit, weil wir es einmal so gelernt haben. Entsprechend zurückhaltend haben wir die Argumentationen dieses Textes bis hierher gelesen und ein Umdenken fällt nicht leicht. Eine Bestätigung der Überlegungen kann nur durch Funde bei fachgerechten Ausgrabungen im Stadtbereich von Paderborn und an weiteren durch Römer genutzten Stätten kommen. Zu hastigen Sondierungen von Hobbyforschern soll niemand verleitet werden. Sie rufen bei Archäologen Grausen und Schrecken hervor, weil immer mit Zerstörungen an Beifunden und weitergehenden Strukturen im Erdreich zu rechnen ist.[209] Bis wir mehr wissen, werden noch heftig Zweifel diskutiert werden, die auf Cassius Dio und Mommsen beruhen.

Literatur

Backendorf, Dirk: Römische Münzschätze des zweiten und ersten Jahrhunderts v. Chr. vom italienischen Festland (Studien zu den Fundmünzen der Antike, Bd. 13). Berlin: Mann 1998.

Bérenger, Daniel: Metalldetektoren, Metallsondengänger und Schatzsucher in OWL. Wie geht man damit um?, in: Archäologie in Ostwestfalen 7 (2002), S. 64–68.

Bérenger, Daniel: Lahde, lange vor 1168 ..., in: Archäologie in Ostwestfalen 3 (1998), S. 9-22

Berger, Frank: Aktuelle Varusschlachten, in: Numismatisches Nachrichtenblatt 53 (2004), Regenstauf: H.Gietl-Verlag, S. 267-273.

Berger, Frank: Kalkriese. Bd. 1: Die römischen Fundmünzen. Mainz: Phillipp von Zabern 1996.

Bökemeier, Rolf: Römer an Lippe und Weser. Neue Entdeckungen um die Varusschlacht im Teutoburger Wald. Höxter: Huxaria 2004.

Bremer, Eckhard: Die Nutzung des Wasserweges zur Versorgung der römischen Militärlager an der Lippe (Siedlung und Landschaft in Westfalen, Bd. 31). Münster: Aschendorff 2001.

Brepohl, Wilm: Neue Überlegungen zur Varusschlacht. Münster: Aschendorff 2004.

Cassius Dio: Historia Romana (Antike Quellen zur Geschichte der Germanen, Teil II. Zsgest., übers. und erl. von Curt Woyte. Leipzig: Voigtländer[2] 1916, S. 77–83, 90-91, 104-107, 109-114).

Cassius Dio: Römische Geschichte (übers. von Otto Veh, Zürich; München: Artemis-Verlag 1986)

Chantraine, Heinrich: Varus oder Germanicus? Zu den Fundmünzen von Kalkriese, in: Thetis (Mannheimer Beiträge zur Klassischen Archäologie und Geschichte Griechenlands und Zyperns, Bd. 9). Mannheim 2002.

dtv-Lexikon (Band 12) München: Deutscher Taschenbuchverlag 1999, S. 167.

Eggenstein, Georg: Die Römische Kaiserzeit in Westfalen, in: Archäologie in Ostwestfalen 9 (2005), S. 53–70.

Eggenstein, Georg: Römische Militärausrüstungen in Balhorn bei Paderborn, in: Archäologie in Ostwestfalen 5 (2000), S. 62–66.

Eggenstein, Georg: Neue Funde der Zeit um Christi Geburt aus Paderborn, in: Archäologie in Ostwestfalen 3 (1998), S. 37–44.

Florus, Lucius Annäus: Epitoma de Tito Livio bellorum omnium annorum DCC (Römische Geschichte, Eingel., übers. und komm. von Günter Laser, hrsg.von Kai Broderson. Darmstadt: Wiss. Buchgesellschaft 2005.

Frontinus: Strategemata (Antike Quellen zur Geschichte der Germanen, Teil II. Zsgest., übers. und erl. von Curt Woyte. Leipzig: Voigtländer[2] 1916, S. 110, Fn. 1 u. 2).

Gemoll, Wilhelm: Griechisch-Deutsches Schul- und Handwörterbuch. München: Freytag 5.Auflage 1954.

Glüsing, Peter in Wiegels, Rainer (Hrsg.): Die Fundmünzen von Kalkriese und die frühkaiserliche Münzprägung. Akten des wissenschaftlichen Symposions in Kalkriese, 15.–16. April

1999 (Osnabrücker Forschungen zu Altertum und Antike-Rezeptionen, Bd. 3). Möhnesee: Bibliopolis 2000, S. 119-120.

Hanel, Norbert in Wiegels, Rainer (Hrsg.): Die Fundmünzen von Kalkriese und die frühkaiserliche Münzprägung. Akten des wissenschaftlichen Symposions in Kalkriese, 15.–16. April 1999 (Osnabrücker Forschungen zu Altertum und Antike-Rezeptionen, Bd. 3). Möhnesee: Bibliopolis 2000, S. 171-177.

Höfer, Paul: Die Varusschlacht, ihr Verlauf und ihr Schauplatz. Leipzig: Duncker & Humblot 1888.

Hölzermann, Ludwig: Lokaluntersuchungen, die Kriege der Römer und Franken sowie die Befestigungsmanieren der Germanen, Sachsen und des spaeteren Mittelalters betreffend. Hrsg. vom Verein für Geschichte und Alterthumskunde Westfalens. Münster: Regensberg 1878.

Jahn, Ralf G.: Der Römisch-Germanische Krieg (9–16 n. Chr.). Bonn, Univ., Diss., 2000. Bonn 2001.

Junkelmann, Marcus: Die Legionen des Augustus. Der römische Soldat im archäologischen Experiment (Kulturgeschichte der antiken Welt, Bd. 33). Mainz: von Zabern 1994.

Kehne, Peter in Wiegels, Rainer (Hrsg.): Die Fundmünzen von Kalkriese und die frühkaiserliche Münzprägung. Akten des wissenschaftlichen Symposions in Kalkriese, 15.–16. April 1999 (Osnabrücker Forschungen zu Altertum und Antike-Rezeptionen). Möhnesee: Bibliopolis 2000, S 47-79.

Kühlborn, Johann-Sebastian: Antike Berichte durch Ausgrabungen bestätigt, in: Archäologie in Deutschland 3 (1999), S. 6–12.

Kühlborn, Johann-Sebastian: Germaniam pacavi – Germanien habe ich befriedet. Archäologische Stätten augusteischer Okkupation. Münster: Westf. Museum für Archäologie, Amt für Bodendenkmalpflege 1995.

Kühlborn, Johann-Sebastian: Das Römerlager in Oberaden III. Die Ausgrabungen im nordwestlichen Lagerbereich und weitere Baustellenuntersuchungen der Jahre 1962–1988 (Bodenaltertümer Westfalens, Bd. 27). Münster: Aschendorff 1992.

Landesvermessungsamt Nordrhein-Westfalen: Preußische Kartenaufnahme 1 : 25 000 – Uraufnahme- von 1837, Kartenblatt Nr. 4218 (Paderborn), Nachdruck Bonn 1994

Lehmann, G. A.: Die Varus-Katastrophe aus der Sicht des Historikers, in: 2000 Jahre Römer in Westfalen. Begleitbuch zur Sonderausstellung. Mainz: von Zabern 1989.

Leiermann, Horst: Gelbbuch, Bd. 4. Schwalenberg: Eigenverlag 2006.

Leiermann, Horst: Gelbbuch, Bde. 1–3. Schwalenberg: Eigenverlag 2005.

Leiermann, Horst: Römer in Lippe. Essen: Eigenverlag 1998.

Leiermann, Horst: Technische Rekonstruktion der Planung alter Städte. Stuttgart: Krämer 1993.

Leise, Wilhelm: Wo Arminius die Römer schlug. Wege auf Wasserscheid führen zum Ort der Varusschlacht. Münster: Aschendorff 1986.

Linde, Roland: Rolf Bökemeiers Thesen zur Örtlichkeit der Varusschlacht. Eine Kritik, in: Lippische Mitteilungen aus Geschichte und Landeskunde 72 (2003), S. 389–409.

Lippek, Wolfgang: Inhaltliche Strukturanalyse der Denarkomplexe von Kalkriese und Haltern – Widerlegung der »Kalkrieser These« zum Ort der Varusschlacht, in: Lippische Mitteilungen aus Geschichte und Landeskunde 71 (2002), S. 223–263.

Mommsen, Theodor: Römische Geschichte. Bd. 8. München: dtv-Deutscher Taschenbuchverlag 1986.

Millhoff, Manfred: Varusschlacht und Irminsul. Anatomie zweier Mythen der Geschichte. Niebüll: Videel 2002

Norkus, Johannes: Die Feldzüge der Römer in Nordwestdeutschland in den Jahren 9-16 n. Chr. von einem Soldaten gesehen. Hildesheim: Lax 1963

Paterculus: Historia Romana (Übers. und hrsg. von Marion Giebel. Stuttgart, Reclam 2004).

Ritter-Schaumburg, Heinz: Der Cherusker. Arminius im Kampf mit der römischen Weltmacht. München – Berlin: Herbig 1988.

Ritter-Schaumburg, Heinz: Dietrich von Bern, König zu Bonn. München – Berlin: Herbig 1982.

Schlüter, Wolfgang und Wiegels, Rainer: Rom, Germanien und die Ausgrabungen von Kalkriese. Internationaler Kongress der Universität Osnabrück und des Landschaftsverbandes Osnabrücker Land e. V. vom 2. bis 5. September 1996 (Osnabrücker Forschungen zu Altertum und Antike-Rezeption, Bd. 1). Osnabrück: Universitätsverlag Rasch 1999.

Suetonius: De vita Caesarum lb.V, Divus Claudius 1 (Antike Quellen zur Geschichte der Germanen, Teil II. Zsgest., übers. und erl. von Curt Woyte. Leipzig: Voigtländer[2] 1916, S. 85–87; lb.II, Divus Augustus 23, S 111-114).

Tacitus: Annalen (Die Annalen des Publius Cornelius Tacitus. Übers., Einltg. und Anm. von Walter Sontheimer Stuttgart: Reclam 1964).

Tacitus: Germania (Übers., Erl. und Nachw. von Manfred Fuhrmann Stuttgart: Reclam 1971).

Tacitus: Römische Geschichte (Übers. von Otto Veh, eingel. von Gerhard Wirth, zahlr. Bde. [Bibliothek der Alten Welt: Griechische Reihe]. Zürich: Artemis 1986).

Wiegels, Rainer (Hrsg.): Die Fundmünzen von Kalkriese und die frühkaiserliche Münzprägung. Akten des wissenschaftlichen Symposions in Kalkriese, 15.–16. April 1999 (Osnabrücker Forschungen zu Altertum und Antike-Rezeptionen, Bd. 3). Möhnesee: Bibliopolis 2000, 268 S.

Wiegels, Rainer und Schlüter, Wolfgang (Hrsg.): Rom, Germanien und die Ausgrabungen in Kalkriese. Internationaler Kongress der Universität Osnabrück und des Landschaftsverbandes Osnabrücker Land e. V. vom 2.–5. September 1996 (Osnabrücker Forschungen zu Altertum und Antike-Rezeption, Bd. 1). Osnabrück: Universitätsverlag Rasch 1999.

Wolfram, Herwig: Deutsche Geschichte, Das Reich und die Germanen, Berlin: Siedler, 1994.

Wolters, Reinhard in Wiegels, Rainer (Hrsg.): Die Fundmünzen von Kalkriese und die frühkaiserliche Münzprägung. Akten des wissenschaftlichen Symposions in Kalkriese, 15.–16. April 1999 (Osnabrücker Forschungen zu Altertum und Antike-Rezeptionen, Bd. 3). Möhnesee: Bibliopolis 2000, S. 81-117.

Woyte, Curt: Antike Quellen zur Geschichte der Germanen. Leipzig: R.Voigtländers Verlag, 2. Auflage 1916, drei Teile.

Zelle, Michael: Augustus' Legionen in Lippe – Untersuchungen zur römischen Präsenz in Lippe während der augusteischen-frühtiberischen Zeit, in: Lippische Mitteilungen aus Geschichte und Landeskunde 74 (2005), S. 240–279.

Ziegler, Konrad (Hrsg.): Der Kleine Pauly (Lexikon der Antike, 5 Bd.) München: dtv 1979.

Zonaras: Epitome historiarum X, 37 (Antike Quellen zur Geschichte der Germanen, Teil II. Zsgest., übers. und erl. von Curt Woyte. Leipzig: Voigtländer[2] 1916, S. 109–111.

Anmerkungen

[1] Ziegler (1979, Bd. 5, Sp. 639 f): »Teutoburgiensis saltus«

[2] »[...] Als die Nachricht von der Niederlage in Rom eintraf, richtete der Kaiser in der Stadt einen militärischen Wachtdienst ein, um dem Ausbruch von Unruhen vorzubeugen, und rief keinen der Statthalter in den Provinzen nach Ablauf seiner Amtsperiode heim, damit die Provinzialen unter der Leitung sachkundiger und ihnen wohlvertrauter Männer die Treue hielten. Auch gelobte er dem ›allgütigen und allmächtigen‹ Jupiter, wie schon im Kriege gegen die Cimbern und Marser geschehen war, feierliche Spiele, wenn sich die politische Lage wieder bessere. Er soll schließlich so bestürzt gewesen sein, daß er sich zum Zeichen seiner Trauer ganze Monate lang Bart und Haupthaar nicht scheren ließ, mit dem Kopf bisweilen gegen die Tür rannte und laut schrie: ›Quinctilius Varus gib mir die Legionen wieder!‹ Der Jahrestag der Niederlage war für ihn außerdem jedesmal ein Tag tiefer Trauer.« Suetonius II 23 W.

[3] »Eingeschlossen in Wäldern und Sümpfen, in einen feindlichen Hinterhalt, wurden sie Mann für Mann abgeschlachtet, und zwar von demselben Feind, den sie ihrerseits stets wie Vieh abgeschlachtet hatten [...].« Velleius P. II 119,2; siehe auch Text im Zusammenhang in Anm. 88.

[4] Siehe im Zusammenhang in Anm. 90.

[5] Velleius P. II 117,3; siehe Text im Zusammenhang in Anm. 88.

[6] Aus Pollenanalysen schließen Forscher auf eine Periode mit einem wärmeren Klima in Germanien während der Jahrzehnte um die Zeitenwende (Beginn der christl. Zeitrechnung). Eine Anpassung der Lebensgewohnheiten der Bewohner einer solchen Region an die Klimabedingungen ist ein Prozess, der über Generationen hinweg erfolgt.

[7] Tacitus Ann. II 11.

[8] T. Livius aus Patavia (jetzt: Padua) lebte von 59 v. Chr. bis 17 n. Chr. und schrieb in 142 Büchern die Geschichte Roms bis zum Tod von Drusus 9 v. Chr. In VI 21,12–17, ist nachzulesen: »Drusus unterwarf in Germanien zuerst die Usipeten, dann die Tenkterer und Chatten. – Dann überwältigte er äußerst tapfere Stämme, **denen die Natur Kräfte und die Gewohnheit Übung der Kräfte verliehen hatte**[Hervorh. vom Verf.]: Die Cherusker, Sueben und Sigambrer zusammen in einem einzigen Kriege, der aber auch für Rom blutig war.« (Ritter-Schaumburg 1988, 76)

[9] Nach der Thidrekssaga (Svava) aus Ritter-Schaumburg (1982, 307 f.), Svava, Absatz 7: Rede von König Samson, Dietrich (Didrik) von Berns Großvater. In ähnlicher Weise gibt etwa 500 Jahre früher Florus (IV 12,32) das Denken der Germanen wieder: »Doch jene die schon längst drängten, daß ihre Schwerter rostig und ihre Rosse steif würden [...]« (Ritter-Schaumburg 1988, 34)

[10] »Dies rasche Vordringen ermöglichte ihm der Krieg zwischen den Sugambrern und Chatten. Aus Zorn darüber nämlich, daß die Chatten als die einzigen ihrer Nachbarn beim geplanten Aufstand gegen Rom den Anschluß verweigert hatten, waren erstere mit ihrer gesamten Macht gegen sie gezogen. Das war für Drusus eine günstige Gelegenheit, unbehelligt durch ihr Land zu kommen.« Cassius Dio LIV 33.

[11] »Dagegen waren die Cherusker an den Kampf im Sumpfgelände gewöhnt, waren hochgewachsen, führten gewaltige Lanzen, mit denen sie auch auf größere Entfernung ihre Gegner verwunden konnten.« Tacitus Ann. I 64.

[12] Die Germanen kämpften offensichtlich auch mit Lanzen oder Speeren, die keine Metallspitzen hatten. Bei Tacitus Ann. II 14 heißt es: »Die erste Reihe sei einigermaßen mit Lanzen ausgerüstet, aber alle übrigen hätten nur vorn im Feuer gehärtete kurze Lanzen.«

[13] Suetonius berichtet über die Feldzüge des Drusus: »Die Verfolgung des Feindes, den er zu wiederholten Malen schlug und landeinwärts in die entlegensten Einöden zurücktrieb [...].« Suetonius V, 1.

[14] Kaiser Augustus (C. Iulius Caesar Octavianus) wurde als Sohn des Prätors C. Octavius und der Atia am 23. September 63 v. Chr. in Rom geboren und lebte bis 14 n. Chr. Er war ein Großneffe von Caesar (Iulius Claudius Caesar) und wurde von ihm testamentarisch adoptiert. 27 v. Chr. Verleihung des Ehrennamens Augustus, 2 v. Chr. Pater patriae.

[15] In den Worten Senecas: »Ihn [begleiteten] bei seiner Erkrankung selbst die Feinde mit ehrfürchtiger Scheu, unter Waffenruhe auf beiden Seiten.« (Ritter-Schaumburg 1988, 76)

[16] Cassius Dio LIV 32.

[17] »[...] Jenseits des Rheins ließ er – eine bis dahin unbekannte und ungeheure Anlage – Kanäle graben, die noch heutigentags Drususkanäle heißen. [...].« Suetonius V, 1.
»[...] und war in den nach Drusus benannten Kanal eingelaufen [...].« Tacitus Ann. II 8.

[18] Ritter-Schaumburg 1988, 77 f.

[19] »Er wäre auch noch über die Weser gegangen , wenn ihm nicht der Proviant ausgegangen wäre und der Winter seinen Einzug gehalten hätte.« Cassius Dio LIV 33.

[20] Ebd.

[21] Ebd.

[22] »Drusus, der nach Germanien gesandt wurde, bezwang zuerst die Usipeten, dann eilte er durch das Land der Tenkterer und Chatten [...] danach griff er die mächtigsten Stämme, die Cherusker, Sueben und Sugambrer, zu gleicher Zeit an [...] Außerdem legte er zur Sicherung der Provinz überall Schanzen und feste Plätze an im Gebiet der Maas, Elbe und Weser. Am Rheinufer vollends ließ er über 50 Kastelle errichten.« Florus II 30, Woyte II, 83–84.

[23] »Drusus war der erste römische Feldherr, der sich mit seinen Schiffen in die Nordsee wagte. Jenseits des Rheins ließ er – eine bis dahin unbekannte und ungeheure Anlage – Kanäle graben, die noch heutigentags Drususkanäle heißen. Die Verfolgung des Feindes, den er zu wiederholten Malen schlug und landeinwärts in die entlegensten Einöden zurücktrieb, gab er nicht eher auf, als bis ihm ein barbarisches Weib von übermenschlicher Größe erschien und dem weiteren Vordringen Halt gebot.« Suetonius V 1, Woyte II 85.

[24] Norkus 1963.

[25] In dem Kapitel »Nachschubbedarf an Getreide« versucht Bremer, die Nachschubmenge

in Tonnen für eine römische Legion zu berechnen. Dazu zieht er eine Abschätzung heran von J.-S. Kühlborn (1992, 26 f.). Ebenso bezieht er Berechnungen von M. Junkelmann mit ein (1994, 93). Bremer kommt auf einen Nachschubbedarf an Getreide von 1860 Tonnen für die Menschen und 876 Tonnen für die Zug- und Tragtiere einer Legion.»Für zwei voll aufgefüllte Legionen kann also wohl mit einem Nachschubbedarf von über 5000 t Getreide gerechnet werden.« (Bremer 2001,13)
[26] Kühlborn (1999, 6) geht ohne Einschränkung von dieser Erkenntnis aus.

[27] Nach Bremer wird das Staken als Antrieb für die Lastkähne hauptsächlich für die Talfahrt erwartet, sonst allenfalls, um das Boot in der Fahrrinne zu halten. Für die Bergfahrt erscheint Bremer das Treideln mit Männern wahrscheinlicher als mit Zugtieren. Die hindernisreiche Strecke könne durch Menschen besser bewältigt werden. (Bremer 2001, 86 ff.)

[28] Bökemeier (2004) erwähnt die Uferkastelle »Hofestatt« bei Haltern (62), »Bumanns Burg« bei Stockum (74ff) und »Heerfeld« bei Cappel/Lippstadt (89ff) mit deutlich erkennbaren Strukturen, die er mit großer Wahrscheinlichkeit als Hafenanlagen erkennen will. Der Lageplan des Römerlagers »Anreppen« zeigt eine Einbuchtung des östlichen Walles an der Flussseite, die sich mit einem Flusshafen erklären lässt. Bremer (2001, 10) vermutet Erosion durch einen Lippemäander und erwartet eine ausgebaute Hafenanlage unmittelbar westlich des Lagers, weil die Ausgräber wegen fehlender Befunde Zweifel an einem östlichen Hafen angemeldet haben (Kühlborn 1995). Diese Zweifel ließen sich auch nicht bis 2005 ausräumen, weil die Grabungen noch nicht abgeschlossen waren. Jedoch erwähnt Kühlborn in seinem Vortrag vom 5.3.2005 vor dem »Freundeskreis für Archäologie in Niedersachsen e.V.« mit Sitz in Hannover (referiert unter http://www.funki-koellner.de/Geschichte /Anreppen.htm und www.fan-nds.de durch Wilhelm Dräger) auffallend große Speicher in Anreppen. Wie wurden die Güter, wahrscheinlich hauptsächlich Kornvorräte, herangeschafft? Die Existenz eines Hafens ist hierfür eine wahrscheinliche Voraussetzung.

[29] Bei Bremer (2001) wird die Überlegenheit der Lastkähne deutlich (15, 95 ff.): Direkt vom Rhein her bis Haltern konnten Prahme mit 50 bis 60 Tonnen Tragfähigkeit fahren, darüber hinaus konnten die Schiffe mit 15 Tonnen Ladung bis Anreppen kommen. Für den Abschnitt bis Schloss Neuhaus trifft Bremer keine Aussage, weil Anreppen das letzte gefundene Römerlager darstellt. Da auf der Strecke von Anreppen bis Schloss Neuhaus die Lippe keine nennenswerten Zuflüsse hat, können gleiche Wassermengen angenommen werden. Das stärkere Gefälle war mit mehr Zugleistung beim Treideln sicherlich zu bewältigen.

[30] Zum Vorteil des Weges entlang der Lippe schreibt Bremer (2001, 54): »Betrachtet man die im Jahr 16 auf dem Wasserweg zurückgelegte Entfernung und die Gefahr, die diese Strecke entlang der Nordseeküste in sich barg, und vergleicht sie mit einem möglichen Anmarsch über die Lippe, so stellt man rasch fest, daß die Wahl der Lipperoute gegenüber dem Weg über die Nordsee nicht nur eine um die Hälfte kürzere Reiseentfernung zu Schiff, sondern auch eine Vermeidung der Gefahren des Seetransportes (Vgl. Tac., Ann. 2, 23 24) und einen wesentlich kürzeren Landmarsch bedeutet hätte.« Auf den Seiten 94 f. resümiert er seine äußerst sorgfältig unterlegten Argumente in seinem Buch: »Die in tausenden von Gewichtstonnen zu bemessende jährliche Transportaufgabe kann wohl nur auf dem Wasserweg bewältigt worden sein. Mit dem Transport auf dem Landwege wären die Möglichkeiten der Truppe überfordert gewesen.«

[31] Ritter-Schaumburg 1988, 271.

[32] »[...] Archäologen glauben, einige hundert Meter östlich des Lagers eine breite römische Straße auf dem dortigen leichten Sandrücken genau in Richtung nach

Schloß Neuhaus entdeckt zu haben. Im Neujahrsgruß des Landschaftsverbandes Westfalen-Lippe 1997, Seite 51, heißt es: ›In Delbrück-Anreppen, Kr. Paderborn, wurde 700 m nordöstlich des Römerlagers in einem 240 m langen Suchschnitt die römische Militärstraße erstmalig außerhalb des Lagers entdeckt (D. Bérenger).‹ Eine dortige Römerstraße hatte nur einen Sinn, wenn sich östlich von Anreppen ein langjähriges Standlager befunden hätte [...].« (Bökemeier 2004, 102) – In seinem Diavortrag vom 5.3.2005 vor dem »Freundeskreis für Archäologie in Niedersachsen e. V.« mit Sitz in Hannover erwähnte Kühlborn diese Straße.

[33] Auf einer Karte von Ludwig Hölzermann ist auf diesem Abschnitt eine Wegführung eingezeichnet, die in eine Straße von Delbrück nach Schloss Neuhaus einmündet (Hölzermann 1878), auf die sich Rolf Bökemeier bezieht (Bökemeier 2004, 13).

[34] Die großen Lagerhäuser in Anreppen und eine ähnlich große Magazinkapazität in Schloss Neuhaus sind strategisch richtige Maßnahmen, denn man legt seinen Vorrat nicht nur an einer Stelle an. Durch einen germanischen Angriff auf eines der Lager kann dann immer nur ein Teil der Ausrüstung verloren gehen (vgl. Anm. 28).

[35] Die Karte von Hölzermann (Anm. 33) deutet einen Weg an, der an der Mündung der Alme in die Lippe beginnt und in angemessenem Abstand zum Nordufer der (oberen) Lippe entlangführte. An diesem Weg hat Hölzermann fünf »heidnische Grabhügel« eingezeichnet. Dieser Weg verlief wohl auf einem recht trockenen Sandrücken.

[36] Bökemeier 2004, 208 f.

[37] Nach Wolfram (1994, 46)

[38] »Die Folge davon war, daß Drusus seinerseits jetzt auch gering von ihnen dachte und eine Zwingburg am Zusammenfluß des Lupias und Elison und eine zweite am Rhein selbst im Lande der Chatten anlegte.« Cassius Dio LIV 33, Woyte II 79f. Im Land der Chatten gab es am Rhein nur in Mainz eine herausragende Festung.

[39] Cassius Dio verwendet „συμμειγνυμι" Nach W.Gemoll bedeutet „σύμμειγνυμι, συμμειγνυω" auf deutsch,„zusammenmischen, vermischen, beimischen, vereinigen"." Die Vorsilbe συν heißt »zusammen-«. Je nach Anfangsbuchstaben des folgenden Wortes kann sich die Vorsilbe von συν in συμ ändern. Wir kennen die deutschen Fremdworte aus dem Griechischen mit der gleichen Vorsilbe z.B. Symbiose, Sympathie, und Synthese.
Zur Gegenprobe wurden die Worte nachgeschlagen, die für »münden« oder »einmünden« eines kleineren Gewässers in einen Fluss in Frage gekommen wären. Im gleichen Wörterbuch finden uns εισβαλλειν mit der Bedeutung »(in einen Fluss) münden, sich ergießen«, Weiterhin folgt: εισρεειν oder εισρειν »hineinfließen«. Die Vorsilbe εισ-...τι bedeutet »in etwas (hinein)«. Hier wird das gleiche Präfix gebraucht! Die Worte unterscheiden sich eindeutig von dem Wort, das Dio verwendet.

[40] Höfer 1888, 56 ff.

[41] Bökemeier 2004, 112ff.

[42] Bökemeier 2004, 116.

[43] Der Verlauf des Krebsbaches auf einer Art Terrasse im oberen Teil und quer zum Gefälle eines flachen Hanges, der sich zur (oberen) Lippe hin neigt, ist mit einiger Wahrscheinlichkeit nicht natürlich entstanden. Wenn man den natürlich mäanderden Lauf der benachbart, parallel fliessenden Thune, Strothe und Lippe betrachtet, fällt die relativ gerade Linie des Krebsbaches besonders auf.

In neuerer Zeit wurden häufig neue Gräben angelegt und Bäche begradigt. Das könnte auch hier der Fall gewesen sein. Der Name „Krebsbach" weist jedoch auf eine Zeit zurück, als es noch Krebse in sauberen Seen und Bächen gab. Heute würde man einen solchen Graben „Flutgraben" oder ähnlich nüchtern benennen. Erst auf neueren Karten erscheint der Waldsee, aus dem der Krebsbach herausfließt. Für die Anlage eines Abflusses aus dem See, der früher wohl ein sumpfiges Gebiet war, bot sich der vorhandene, wasserführende Graben an.

Auf einer Karte der Preussischen Kartenaufnahme von 1837 (Landesvermessungsamt NRW, Bonn 1994), als früheste detaillierte Landaufnahme, befindet sich eine schwache, schwarze Linie am Südrand des Wilhelmsberges, die den Krebsbach andeuten könnte. Erst spätere Karten markieren den Bach deutlicher. Auf der Karte von 1837 lässt sich ein Graben verfolgen, der sich in östlicher Richtung mit einem etwa gleichbleibenden Gefälle bis an das Gewerbegebiet „Am Vorderflöß" westlich von Bad Lippspringe heranzieht. Auffälligerweise folgt dieser (trockene?) Graben in flachen Windungen der Struktur des Hanges und weicht Hügeln aus. Ein Mühlgraben dürfte es kaum gewesen sein, denn sonst müsste er von einem starken Bach abgehen. Sollte dieser Graben das Trink- und Brauchwasser an das Kastell am Wilhelmsberg herangeführt haben und zu diesem Zweck von den Legionen angelegt worden sein?

[44] »Lobende Erwähnung verdient ebenso die Tapferkeit des Lagerpräfekten L. Caedicius und seiner Soldaten, die mit ihm in Aliso eingekesselt und von den Germanen mit einer ungeheuren Truppenmacht belagert wurden.« Velleius P. II 120,4 – »[...] Auch die festen Plätze der Römer fielen bis auf einen sämtlich in die Hände der Feinde. Der Widerstand dieses einen Kastells hielt die Germanen auf, so daß sie jenseits des Rheins blieben und keinen Einfall nach Gallien machten. Sogar Aliso blieb für sie uneinnehmbar; denn sie verstanden sich nicht auf eine regelrechte Belagerung des Platzes. Außerdem trieben die vielen Bogenschützen, über die die Römer verfügten, den Feind zurück und brachten ihm empfindliche Verluste bei [...].« Zonaras X 37.

Und Tacitus schreibt: »[...] Er selbst führte sechs Legionen zu dem an der Lupia angelegten Kastell, das, wie er erfuhr, belagert wurde [...] Doch hatten sie [die Germanen] vorher den für die Legionen des Varus jüngst errichteten Grabhügel und einen alten, dem Drusus geweihten Altar zerstört. Den Altar stellte Germanicus wieder her und hielt zu Ehren seines Vaters an der Spitze der Legionen feierlichen Umzug [...] Doch wurde das ganze Gebiet zwischen dem Kastell Aliso und dem Rhein durch neue Grenzwerke und Erdwälle befestigt [...].« (Tacitus Ann. II 7, zit. n. Millhoff 2002, 165) – »Der Primipilar Caedicius, der die nach der Varusniederlage in Aliso belagerten Römer kommandierte, fürchtete, die Belagerten möchten das zusammengehäufte Holz an den Wall heranbringen und die Palisaden in Brand stecken. Um das zu verhüten, stellte er sich, als fehlte es ihm an Holz, und schickte nach allen Seiten Leute aus, welche Holz stehlen sollten. Dadurch erreichte er, daß die Germanen den Holzvorrat weit fortschafften.« Frontinus IV 7/8, Woyte II 110, Fn. 1.

[45] Das Lager wurde offensichtlich fluchtartig verlassen und nicht verteidigt: »Den zahlreichen Brandspuren zufolge müssen die Gebäude im Lager Anreppen am Ende der Belegungszeit in einer Feuersbrunst aufgegangen sein. Wahrscheinlich sind dem Ende des Lagers mehrere Klumpen tausender zusammengebackener Eisennägel zuzuordnen. Sie fanden sich auf dem Grund eines Brunnens/Latrine und sind dort absichtlich versenkt worden. Denkbar wäre eine solche Vorgehensweise bei einer regulären Räumung des Lagers durch die Soldaten, die sich einerseits mit den Nägeln beim Wegzug nicht belasten, andererseits diese aber der einheimischen Bevölkerung auch nicht zum Umschmieden in Waffen zurücklassen wollten.« (Kühlborn 1992, 139)

[46] »[...] Die Brukterer, die selbst ihr Hab und Gut verbrannten, schlug L. Stertinius, den Germanicus mit einer leichten Heeresabteilung abgesandt hatte. Während des

Mordens und Plünderns fand er den Adler der neunzehnten Legion, der unter Varus verlorengegangen war. Dann führte er sein Heer weiter bis zu der äußersten Grenze der Brukterer, und das ganze Gebiet zwischen den Flüssen Amisia und Lupia, nicht weit entfernt vom Teutoburger Wald, in dem, wie es hieß, die Überreste des Varus und seiner Legionen unbegraben lagen, wurde verwüstet.« Tacitus Ann. I 60.

[47] »[...] Als die aus der varianischen Niederlage Entronnenen belagert wurden [...].« Frontinus III 15,4.

[48] Nach Kühlborn (Anm. 28).

[49] Tacitus Ann. II 7; siehe im Zusammenhang in Anm. 44.

[50] Die Bezeichnung »Sommerlager« erscheint nicht in den antiken Schriften. Sie dient als Kurzform zur Benennung für jenes Lager von Varus, in dem die Varusschlacht begann. Außerdem wird sie für das Lager benutzt, in dem Varus die Nachricht von Unruhen bei fernen Germanenstämmen erhielt und von wo er aufbrach zu seinem Zug ins Verderben, wenn der Version von Cassius Dio gefolgt wird. In diesem Sinne wird sie hier beibehalten (Jahn 2001, 143): Das Sommerlager des Varus »entspringt lediglich der Kombinatorik neuzeitlicher Historiker und nicht den Quellen. Wo genau und wie lange jeweils das römische Heer in Lagern kampiert hat, läßt sich aus den verfügbaren Quellen auf keine Weise ermitteln.«

[51] »Und nun setzte das hier befindliche römische Heer, sechs Jahre nach der Niederlage, die Gebeine von drei Legionen bei, in trauriger Stimmung und zugleich in wachsendem Zorn auf den Feind, ohne daß jemand erkannte, ob er die Überreste von Fremden oder von seinen eigenen Angehörigen in die Erde barg. Und es war als ob sie alle zusammengehörten, als ob sie Blutsverwandte seien. Das erste Rasenstück zur Aufschichtung des Hügels legte der Caesar als willkommenen Liebesdienst für die Toten und als Zeichen seiner Anteilnahme an dem Schmerz der Anwesenden.« Tacitus Ann. I 62.

Der Hinweis »setzte [...] die Gebeine von drei Legionen bei« wird so verstanden, dass an dieser Stelle tatsächlich die drei Legionen von Varus gefallen waren. Cassius Dio schilderte aber Kämpfe während drei Tagen verbunden mit einem Weiterziehen des Heeres. Wilm Brepohl vermutet daher, dem Dio-Text folgend, dass die Legionen von Germanicus auf der ganzen Wegstrecke des Varusheeres die Überreste der Erschlagenen aufsammelten, um sie schließlich in einem Grabhügel zu bestatten (Brepohl 2004, 95 f.). Wenn wir uns fragen, warum Tacitus an dieser Stelle von »Gebeinen von drei Legionen« schreibt, dann müssen wir auch fragen, konnte er etwas anderes schreiben? Hätte er die Textstelle anders gefasst, dann wäre womöglich der tatsächliche Verlauf der »Varusschlacht« publik geworden oder unliebsame Gerüchte wären entstanden. Damit riskierte er sein Leben oder eine harte Strafe wegen Majestätsbeleidigung. Also blieb er ganz im Rahmen der offiziellen Sprachregelung.

[52] Tacitus Ann. II 7; siehe im Zusammenhang in Anm. 44.

[53] »[...] Indessen stieß Arminius bei dem Abzug der Römer und nach der Vertreibung des Maraboduus [Marbod] in seinem Streben nach dem Thron auf den Widerstand seiner freiheitsliebenden Landsleute. Es kam zu einer bewaffneten Auseinandersetzung, bei der er mit wechselndem Glück kämpfte und durch die Hinterlist seiner Verwandten fiel. Unstreitig war er der Befreier Germaniens, der das römische Volk nicht am Anfang seiner Geschichte, wie andere Könige und Heerführer, sondern das in höchster Blüte stehende Reich herausgefordert hat, in den einzelnen Schlachten nicht immer erfolgreich, im Krieg unbesiegt. Er wurde 37 Jahre alt, zwölf Jahre hatte er die

Macht in Händen, und noch immer besingt man ihn bei den barbarischen Völkern.«
Tacitus Ann. II 88.

⁵⁴ Diesen Namen vermerkt nur Velleius P. II 118,2.

⁵⁵ »Drusus [...] unterwarf zuerst die Usipeten, dann durchzog er das Gebiet der
Tenkterer und der Chatten, [...] dann griff er zugleich (Woyte, II S. 84: *zu gleicher
Zeit*) die mächtigen Stämme der Cherusker, Sueben und Sigambrer an, die nach
Kreuzigung von 20 Centurionen, die sie wie ein Fahneneid aneinander band, den
Krieg unternommen hatten, und zwar in so sicherer Hoffnung auf Sieg, daß sie die
Beute schon vorher vertragsmäßig unter sich verteilten: Die Cherusker hatten sich
die Pferde, die Sueben Gold und Silber, die Sugambrer die Gefangenen ausbedungen.
Aber es kam ganz anders! Denn Drusus verteilte als Sieger, ihre Pferde, ihr Vieh,
ihre Halsketten und sie selbst als Beute und verkaufte sie.« Florus II 30,21–28 (zit. n.
Ritter-Schaumburg 1988, 74).

⁵⁶ Nach Ritter-Schaumburg 1988, 82–83.

⁵⁷ »Tiberius rückte sogleich in Germanien ein, besiegte die Canninefaten, Attuarier und
Brukterer und nahm die Cherusker in die Obhut unseres Volkes auf. (Diesem Volk
entstammte Arminius, der bald durch unsere Niederlage bekannt werden sollte.)Dann
überschritt Tiberius Caesar die Weser und drang weiter ins Landesinnere vor, [...]«
Velleius P. II 105,1 (siehe auch Anm. 20, Ritter-Schaumburg 1988)

⁵⁸ Gerne wird ein Bezug hergestellt zu einer Passage bei Cassius Dio LV 10a,3: »Jetzt
[um 1 v. Chr.] zog er an den Rhein und versuchte einige (wohl ihrer römerfreundlichen
Gesinnung wegen) verbannte Cherusker durch Vermittlung anderer in ihre Heimat
zurückzuführen. Aber es gelang ihm nicht, was zur Folge hatte, daß auch die übrigen
Barbaren die Römer verachteten.« (nach Woyte II, 91) Hierbei kann es sich kaum
um die Familie oder den Stamm des Cheruskerfürsten Sigimer gehandelt haben.
Denn eine Verbannung durch die anderen Stammesmitglieder der Cherusker ist ein
massiver Vertrauensverlust und nicht in wenigen Jahren vergessen. In den Kämpfen
gegen die Römer hätte man diesen (römerfreundlichen) Führern keine Gefolgschaft
geleistet und ihnen eine verlässliche Führerschaft zugetraut.

⁵⁹ »Arminius forderte seine Leute auf, sich zusammenzuscharen und an das Waldgelände
heranzurücken. Dann machte er plötzlich kehrt und gab den Abteilungen, die er
überall in dem Waldgebiet versteckt hatte, das Zeichen zum Hervorbrechen.« Tacitus
Ann. I 63. – Diese wesentlich verfeinerte Kampftaktik lässt auf eine Schulung durch
die Römer schließen. Mit der üblichen Kampfweise der Germanen »Mann gegen
Mann« hatte sie nichts mehr zu tun. Da die Cherusker als Verbündete Auxiliartruppen
stellen mussten, ist dieser Rückschluss auf eine Ausbildung von ganzen Reitertrupps
durch die Römer naheliegend und sicherlich richtig. Auch wird Arminius als Ritter
(equestris) bezeichnet (siehe Anm. 60).

⁶⁰ »[...] Er [Arminius] hatte mit dem römischen Bürgerrecht auch den Rang eines
römischen Ritters erlangt.« Velleius P. II 118,2 (siehe im Zusammenhang in Anm. 88).

⁶¹ »Dabei gebrauchte er sehr viele lateinische Ausdrücke. Er hatte ja im römischen
Feldlager als Führer seiner Landleute gedient.« Tacitus Ann. II 10.

⁶² Velleius P. II 118,2; siehe im Zusammenhang in Anm. 88.

⁶³ Diese allgemein übliche Bezeichnung eines »Kompendium der gesamten römischen
Geschichte« wieVelleius sein Werk genannt hat (Ziegler, Bd. 5, Sp.1161), soll hier
beibehalten werden.

[64] »Er wurde 37 Jahre alt, zwölf Jahre hatte er die Macht in Händen [...].« Tacitus Ann. II 88. Daraus lässt sich errechnen, dass Arminius 7 n. Chr. Fürst der Cherusker wurde. Er trat damit die Nachfolge seines Vaters an, der kurz zuvor verstorben sein muss (siehe im Zusammenhang in Anm. 53).

[65] Tacitus Ann. II 9/10: Streitgespräch zwischen Arminius und Flavus (16 n. Chr.)

[66] Dieses gelebte Recht der Germanen belegt Ritter-Schaumburg 1988, 135 ff., aus Passagen in der Thidrekssaga (Sv. 17, 19, 22), die im 5./6. Jahrhundert n. Chr. entstanden ist.

[67] »(2) Quintilius Varus stammte aus einer angesehenen, wenn auch nicht hochadeligen Familie. Er war von milder Gemütsart, ruhigem Temperament, etwas unbeweglich an Körper und Geist, mehr an müßiges Lagerleben als an den Felddienst gewöhnt. Daß er wahrhaft kein Verächter des Geldes war, beweist seine Statthalterschaft in Syrien: Als armer Mann betrat er das reiche Syrien, und als reicher Mann verließ er das arme Syrien. (3) Als er Oberbefehlshaber des Heeres in Germanien wurde, bildete er sich ein, die Menschen dort hätten außer der Stimme und den Gliedern nichts Menschenähnliches an sich, und **die man durch das Schwert nicht hätte zähmen können, die könne man durch das römische Recht lammfromm machen** [Hervorh. vom Verf.].« Velleius P. II 117,2,3; siehe im Zusammenhang in Anm. 88.

[68] Siehe Anm. 67.

[69] Siehe Anm. 67.

[70] Siehe Anm 67.

[71] Die Sichtweise der Römer zu einer Vertragstreue lässt Tacitus deutlich werden: »Der Verlierer begibt sich willig in die Knechtschaft[...]. So groß ist ihr Starrsinn an verkehrter Stelle; sie selbst reden von Treue.« (Tacitus Germania 24)

[72] Tacitus schreibt Arminius folgenden Ausspruch zu: »[...] Die Germanen werden nie sich damit abfinden, daß sie zwischen Elbe und Rhein Rutenbündel, Beile und die Toga gesehen haben.« Tacitus Ann. I 59.

[73] Der (niedergeschlagene) Aufstand der Bataver unter Gaius Julius Civilis im Jahr 69 n. Chr. wird als Verzweiflungstat angesehen, weil sie durch die Abgaben an die Römer immer aufs Neue belastet wurden. Sie fühlten sich als Bundesgenossen und wurden wie Leibeigene behandelt. Mit vielerlei Vorwänden suchten niedere Beamte und Militärs sich bei der Bevölkerung zu bereichern. Tacitus Hist. IV 12–14.

[74] »[...] Gleiche Tapferkeit – oder List – ermöglichte auch dem Inguiomerus das Entrinnen [...] Ja auch den Inguiomerus, der auf dem ganzen Schlachtfeld umherflog, verließ weniger der Mannesmut als vielmehr das Glück.« Tacitus Ann. II 17.

[75] »[...] Sie erfanden einen Rechtsstreit nach dem andern; bald schleppte einer den anderen vor Gericht, bald bedankten sie sich dafür, daß das römische Recht ihren Händeln ein Ende mache, daß ihr ungeschlachtes Wesen durch diese neue und bisher unbekannte Einrichtung allmählich friedsam werde und, was sie bisher nach ihrer Gewohnheit bisher durch Waffengewalt entschieden hätten, nun durch Recht und Gesetz beigelegt würde. Dadurch wiegten sie Quintilius Varus in höchster Sorglosigkeit, ja, **er fühlte sich eher als Stadtprätor, der auf dem römischen Forum Recht spricht, denn als Oberbefehlshaber einer Armee im tiefen Germanien** [Hervorh. vom Verf.].« Velleius P. II 118,1; siehe im Zusammenhang in Anm. 88.

[76] »[...] Auch wuchs sein [Segestes] Haß, weil Arminius seine Tochter, die mit einem
anderen verlobt war, entführt hatte. Arminius war der gehaßte Schwiegersohn eines
Schwiegervaters, der ihn als seinen persönlichen Feind betrachtete. Und was sonst
in einem einträchtigen Verhältnis ein Band der Liebe, das war bei der gegenseitigen
Erbitterung Zündstoff zum Haß.« Tacitus Ann. I 55.

[77] »Denn man rechnete damit, daß der Feind sich in zwei Parteien spalte, in die des
Arminius und die des Segestes, von denen sich der eine durch Treulosigkeit,
der andere durch Treue uns gegenüber auszeichnete. Arminius hatte Germanien
aufgewiegelt; Segestes dagegen hatte den Varus auch sonst oft und erst wieder
beim letzten Gastmahl, das unmittelbar vor dem Waffengang stattfand,
auf die Vorbereitungen zu der Empörung hingewiesen und geraten, ihn sowie
Arminius und die anderen Häuptlinge in Fesseln zu legen. **Nichts werde das
Volk wagen, wenn man ihm die Führer weggenommen habe** [Hervorh. vom
Verf.], und Varus selbst werde Zeit gewinnen, Verbrecher und Unschuldige zu
sondern. Aber das Schicksal und die Macht des Arminius brachten Varus zu
Fall. Segestes wurde zwar durch die einmütige Erhebung des Volkes in den
Krieg hineingezogen, aber er stand ihr innerlich ablehnend gegenüber.« Tacitus
Ann. I 55 (Forts. Anm. 76).
Buch I (57): „Bald darauf kamen Gesandte von Segestes mit der Bitte, ihm gegen
die Gewalttätigkeit seiner Landsleute, von denen er belagert wurde, zu helfen. [...]
Germanicus hielt es für lohnend, kehrtzumachen. Es kam zu einem Kampf mit den
Belagerern, und Segestes wurde mit zahlreichen Verwandten und Klienten befreit.
Darunter waren vornehme Frauen, auch die Gattin des Arminius, die ja die Tochter
des Segestes war und mit dem Herzen mehr auf der Seite ihres Mannes als ihres Vaters
stand. Sie ließ sich keine Träne entlocken und ließ kein demütiges Wort verlauten; die
Hände unter dem Bauch ihres Kleides gefaltet, schaute sie auf ihren schwangeren
Leib. Es kamen auch Rüstungen aus der Niederlage des Varus zum Vorschein, die den
Männern, die sich jetzt ergaben, als Beutestücke gegeben worden waren; zugleich
erschien Segestes selbst, der, eine riesige Erscheinung, im Bewußtsein seiner guten
Bundesgenossenschaft ganz ohne Furcht war."
Buch I (58): „Er sprach etwa folgendermaßen: <<Dies ist für mich nicht der erste Tag,
an dem ich meine unverbrüchliche Treue gegenüber dem römischen Volk zeige.[...]
Deshalb habe ich den Räuber meiner Tochter, der den Vertrag mit euch gebrochen hat,
bei Varus, dem damaligen Befehlshaber des Heeres, angeklagt. Hingehalten durch die
Saumseligkeit des Heerführers, habe ich , weil die Gesetze keinen richtigen Rückhalt
boten, dringend gefordert, mich, Arminius und die in das Komplott Eingeweihten
in Fesseln zu legen. Zeuge ist jene Nacht. Wäre sie doch lieber für mich die letzte
gewesen! Was dann folgte, kann man zwar beweinen, aber nicht rechtfertigen. Jedoch
habe ich Arminius in Ketten gelegt und habe solche meinerseits von seiner Partei
erdulden müssen. Doch bei der ersten Gelegenheit, mit dir in Verbindung zu treten,
gebe ich das Neue gegen das Alte hin, [...] aber nicht in Erwartung einer Belohnung,
sondern **um mich der Rolle des Treulosen zu entledigen und dafür die des
geeigneten Vermittlers für das germanische Volk zu übernehmen** [Hervorh. vom
Verf.], falls es die Reue dem Verderben vorziehen sollte.>> [...]"

[78] Siehe Anm. 77.

[79] Velleius P. II. 118,4; siehe im Zusammenhang in Anm. 88.

[80] Siehe Anm. 89.

[81] Siehe Anm. 76.

[82] Siehe Anm. 77 (unten, fett hervorgehoben).

[83] Siehe im Zusammenhang in Anm. 88.

[84] »Dies wurde dem Varus von Segestes, einem loyalen Mann jenes Volkes mit angesehenem Namen, hinterbracht. Er forderte noch einmal [...Lücke im Text, d. Verf.].« Velleius P. II 118,4; siehe Text im Zusammenhang in Anm. 88.

[85] »[...] erst wieder bei dem letzten Gastmahl, das unmittelbar vor dem Waffengang stattfand, [...]« Tacitus Ann. I 55.

[86] Höfer 1888, 142 ff.

[87] »Den Ablauf dieser schrecklichen Katastrophe [...] werde ich, wie schon andere es getan haben, in meinem größeren Geschichtswerk ausführlich darzustellen versuchen, hier sei das Ereignis nur allgemein mit Trauer bedacht.« Velleius P. II. 119,1; siehe im Zusammenhang in Anm. 88.

[88] Velleius P. II 117–119:
»117 (1) Kaum hatte Tiberius Caesar die letzte Hand angelegt, um den pannonischen und den dalmatischen Krieg entgültig zu beenden, da brachten – nur fünf Tage nachdem er diese gewaltige Aufgabe vollendet hatte – Depeschen aus Germanien die Unglücksbotschaft, daß Varus getötet und drei Legionen niedergemetzelt seien, dazu ebenso viele Reitergeschwader und sechs Kohorten. Es war gerade, als ob uns das Schicksal dabei noch eine Gnade erwiesen hätte: daß nämlich unser Feldherr zu diesem Zeitpunkt nicht mehr auf einem anderen Kriegsschauplatz beschäftigt war [...] Die Ursache der Katastrophe sowie die Person des Heerführers machen es erforderlich, daß ich hierbei kurz verweile. 117 (2) Quintilius Varus stammte aus einer angesehenen, wenn auch nicht hochadeligen Familie. Er war von milder Gemütsart, ruhigem Temperament, etwas unbeweglich an Körper und Geist, mehr an müßiges Lagerleben als an den Felddienst gewöhnt. Daß er wahrhaft kein Verächter des Geldes war, beweist seine Statthalterschaft in Syrien: Als armer Mann betrat er das reiche Syrien, und als reicher Mann verließ er das arme Syrien. 117 (3) Als er Oberbefehlshaber des Heeres in Germanien wurde, bildete er sich ein, die Menschen dort hätten außer der Stimme und den Gliedern nichts Menschenähnliches an sich, und die man durch das Schwert nicht hatte zähmen können, die könne man durch das römische Recht lammfromm machen. 117 (4) Mit diesem Vorsatz begab er sich ins Innere Germaniens, und als habe er es mit Männern zu tun, die der Annehmlichkeiten des Friedens genossen, brachte er die Zeit des Sommerfeldzuges damit zu, von seinem Richterstuhl aus Recht zu sprechen und Prozeßformalitäten abzuhandeln. 118 (1) Die Leute dort sind aber – wer es nicht erfahren hat, wird es kaum glauben – bei aller ihrer Wildheit äußerst verschlagen, ein Volk von geborenen Lügnern. Sie erfanden einen Rechtsstreit nach dem anderen; bald schleppte einer den anderen vor Gericht, bald bedankten sie sich dafür, daß das römische Recht ihren Händeln ein Ende mache, daß ihr ungeschlachtes Wesen durch diese neue und bisher unbekannte Einrichtung allmählich friedsam werde und, was sie nach ihrer Gewohnheit bisher durch Waffengewalt entschieden hätten, nun durch Recht und Gesetz beigelegt würde. Dadurch wiegten sie Quintilius Varus in höchster Sorglosigkeit, ja, er fühlte sich eher als Stadtprätor, der auf dem römischen Forum Recht spricht, denn als Oberbefehlshaber einer Armee im tiefsten Germanien. 118 (2) Es gab damals einen jungen Mann aus vornehmem Geschlecht, der tüchtig im Kampf und rasch in seinem Denken war, ein beweglicherer Geist, als es die Barbaren gewöhnlich sind. Er hieß Arminius und war der Sohn des Sigimer, eines Fürsten jenes Volkes. In seiner Miene und in seinen Augen spiegelte sich ein feuriger Geist. Im letzten Feldzug hatte er beständig auf unserer Seite gekämpft und hatte mit dem römischen Bürgerrecht auch den Rang eines römischen Ritters erlangt. Nun machte er sich die Indolenz unseres Feldherrn für ein Verbrechen zunutze. Es war kein dummer Gedanke von ihm, daß niemand leichter zu fassen ist als ein Nichtsahnender und daß das Unheil meistens dann beginnt, wenn man sich ganz sicher fühlt. 118 (3) Erst weihte er nur wenige, dann mehrere in seinen Plan ein. Die Römer könnten vernichtet werden, das

war seine Behauptung, mit der er auch überzeugte. Er ließ den Beschlüssen Taten folgen und legte den Zeitpunkt für den Hinterhalt fest. 118 (4) Dies wurde dem Varus von Segestes, einem loyalen Mann jenes Volkes mit angesehenem Namen, hinterbracht. Er forderte noch einmal [Lücke im Text, d. Verf.] Aber das Schicksal war schon stärker als die Entschlußkraft des Varus und hatte die Klarheit seines Verstandes völlig verdunkelt [...] Varus wollte es also nicht glauben und beharrte darauf, die offensichtlichen Freundschaftsbezeugungen der Germanen gegen ihn als Anerkennung seiner Verdienste zu betrachten. Nach diesem ersten Warner blieb für einen zweiten keine Gelegenheit mehr. 119 (1) Den Ablauf dieser schrecklichen Katastrophe – die schwerste Niederlage der Römer gegen auswärtige Feinde seit der des Crassus gegen die Parther – werde ich, wie schon andere es getan haben, in meinem größeren Geschichtswerk ausführlich darzustellen versuchen, hier sei des Ereignisses nur mit Trauer gedacht. 119 (2) Die tapferste Armee von allen, führend unter den römischen Truppen, was Disziplin, Tapferkeit und Kriegserfahrung angeht, wurde durch die Indolenz des Führers, die betrügerische List des Feindes und die Ungunst des Schicksals in einer Falle gefangen. Weder zum Kämpfen noch zum Ausbrechen bot sich ihnen, so sehnlich sie es sich auch wünschten, ungehindert Gelegenheit, ja einige mußten sogar schwer dafür büßen, daß sie als Römer ihre Waffen und ihren Kampfgeist eingesetzt hatten. Eingeschlossen in Wälder und Sümpfe, in einem feindlichen Hinterhalt, wurden sie Mann für Mann abgeschlachtet, und zwar von demselben Feind, den sie ihrerseits stets wie Vieh abgeschlachtet hatten [...] 119 (3) Der Führer hatte mehr Mut zu sterben als zum Kämpfen. Nach dem Beispiel seines Vaters und Großvaters durchbohrte Varus sich selbst mit dem Schwert. 119 (4) Von den beiden Lagerpräfekten aber gab der eine, L. Eggius, ein heldenhaftes, der andere, Ceionius, ein erbärmliches Beispiel. Der Letztere bot, nachdem der größte Teil des Heeres umgekommen war, die Übergabe an: Er wollte lieber hingerichtet werden, als im Kampf sterben. Numonius Vala aber, ein Legat des Varus, sonst ein ruhiger und bewährter Mann, gab ein abschreckendes Beispiel: Er beraubte die Fußsoldaten ihres Schutzes durch die Reiterei, machte sich mit den Schwadronen auf die Flucht und suchte den Rhein zu erreichen. Jedoch das Schicksal rächte seine Schandtat: Er überlebte seine Kameraden nicht, von denen er desertiert war, sondern fand als Deserteur den Tod. 119 (5) Den halbverkohlten Leichnam des Varus rissen die Feinde in ihrer Roheit in Stücke. Sie trennten sein Haupt ab und sandten es zu Marbod. Dieser wieder schickte es zu Caesar Augustus, der ihm trotz allem die Ehre eines Familienbegräbnisses gewährte.«

[89]   Velleius P. II 119,2; Zusammenhang siehe Anm. 88.

[90]   »Aber es ist schwerer, Provinzen zu behaupten als zu erwerben; durch Gewalt werden sie erworben, behauptet nur durch das Recht. So war denn jene Freude nur kurz. Denn die Germanen waren mehr besiegt als gebändigt und achteten, so lange Drusus Imperator war, mehr unsere Sitten als unsere Waffen; nachdem jener gestorben war, begannen sie, des Varus Quintilius Wollust und Stolz nicht weniger als seine Grausamkeit zu hassen. Er wagte es, Landtage zu halten, und sprach das Recht im Lager, als könnte er das Ungestüm der Barbaren durch die Ruten des Lictors und des Herolds Stimme dämpfen. Doch jene, die schon lange mit Kummer auf ihre Schwerter blickten, die der Rost bedeckte, und auf ihre Pferde, die keine Arbeit hatten, griffen, sobald sie die Togen und ein Recht sahen, das grausamer war als die Waffen, unter Arminius Führung zum Schwerte. Und so großes Vertrauen setzte Varus unterdessen in den Frieden, daß es sogar keinen Eindruck auf ihn machte, als ihm **die Verschwörung durch Segestes, einen der Fürsten, vorhergesagt und verraten wurde**[Hervorh v. Verf.]. – So griffen sie ihn, der an nichts dachte und nichts der Art fürchtete, unversehens an, während er sie – welche Sorglosigkeit! – vor seinen Richterstuhl rief; von allen Seiten drangen sie ein und plünderten das Lager; drei Legionen wurden vernichtet. Varus folgte freiwillig dem Strom des Verderbens; sein Schicksal und sein Entschluß erinnern an Paulus am Tage von

Cannae. Nichts Blutigeres gab es je: als das Schlachten dort in den Sümpfen und Wäldern, nichts Unerträglicheres als der Hohn der Barbaren.« Florus II 30. – Bis hierher die Übersetzung in einem moderneren Deutsch aus Millhoff (2002, 50). Der weiterführende Text lautet nach Woyte II, 109): »[...] der sich vor allen Dingen gegen die römischen Advokaten richtete. Dem einen wurden die Augen ausgestochen, dem andern die Hände abgeschlagen, einem dritten wurde die Zunge abgeschnitten und dann der Mund zugenäht. Der Barbar, der sie in der Hand hielt, rief ihm zu: ›Nun endlich ist es aus mit deinem Zischen, du Schlange!‹ **Des Konsuls Leiche selbst, die die Liebe der Soldaten in der Erde Schoß geborgen hatte, wurde wieder herausgewühlt.** [Hervorh. v. Verf.] Die Feldzeichen und zwei Adler [nach Tacitus Ann. I 60 wurde der Adler der XIX. Legion bei den Brukterern 15 n. Chr. gefunden. Nach II 25 wurde der andere bei den Marsern zurückerobert, Anm. d. Verf.] sind noch jetzt in der Germanen Besitz; den dritten brach der Fahnenträger ab, ehe er ihn in die Hände der Feinde fallen ließ, versteckte ihn in seinen Gürtel und verbarg sich damit in dem blutgetränkten Sumpfe. Diese Niederlage hatte zur Folge, daß die Herrschaft, die auf ihrem Siegeszuge an den Küsten des Ozeans nicht haltgemacht hatte, am Ufer des Rheins zum Stehen gebracht wurde.«

[91] Siehe im Zusammenhang in Anm. 88, Absatz 118,1.

[92] Höfer 1888, 189 f.

[93] Siehe im Zusammenhang in Anm. 90.

[94] Siehe im Zusammenhang in Anm. 90.

[95] »Nun erwachte in dem Caesar das Verlangen, jenen Soldaten und ihrem Heerführer die letzte Ehre zu erweisen, wobei das ganze anwesende Heer von schmerzlichem Mitgefühl erfüllt war wegen der Verwandten und Freunde, kurz, wegen der leidvollen Kriege und des menschlichen Loses. Caecina wurde vorausgeschickt, um die entlegenen Waldgebiete zu durchforschen und über das sumpfige Gelände und den trügerischen Moorboden Brücken und Dämme zu führen. Und nun betraten sie die Unglücksstätte, gräßlich anzusehen und voll schrecklicher Erinnerungen. Das erste Lager des Varus wies an seinem weiten Umfang und der Absteckung des Hauptplatzes auf die Arbeit von drei Legionen hin. Dann erkannte man an dem halbeingestürzten Wall und dem niedrigen Graben, daß die schon zusammengeschmolzenen Reste sich dort gelagert hatten. Mitten in dem freien Feld lagen die bleichenden Gebeine zerstreut oder in Haufen, je nachdem die Leute geflohen waren oder Widerstand geleistet hatten. Dabei lagen Bruchstücke von Waffen und Pferdegerippe, zugleich fanden sich an den Baumstämmen angenagelte Köpfe. In den benachbarten Hainen standen die Altäre der Barbaren, an denen sie die Tribunen und die Centurionen der ersten Rangstufe geschlachtet hatten. Die Leute, die diese Niederlage überlebt hatten und der Schlacht oder der Gefangenschaft entronnen waren, erzählten, hier seien die Legaten gefallen, dort die Adler von den Feinden erbeutet worden; sie zeigten, wo Varus die erste Wunde erhalten, wo er mit seiner unseligen Rechten sich selbst den Todesstoß beigebracht habe; wo Arminius von der Tribüne herunter eine Ansprache gehalten habe, wie viele Galgen für die Gefangenen, wie viele Martergruben er habe herstellen lassen, wie er die Feldzeichen und Adler übermütig verhöhnt habe. (62) Und nun setzte das hier befindliche römische Heer, sechs Jahre nach der Niederlage, die Gebeine von drei [s. Anmerk.51, Verf.] Legionen bei, in trauriger Stimmung und zugleich in wachsendem Zorn auf den Feind, ohne daß jemand erkannte, ob er die Überreste von Fremden oder von seinen eigenen Angehörigen in der Erde barg. Und es war, als ob sie alle zusammengehörten, als ob sie Blutsverwandte seien. Das erste Rasenstück zur Aufschichtung des Hügels legte der Caesar als willkommenen Liebesdienst für die Toten und als Zeichen seiner Anteilnahme an den Schmerz der Anwesenden [...].« Tacitus Ann. I 61.

[96] Manche Übersetzungen dieser Textstelle geben ihr den Sinn, als ob ein Lager *für* drei Legionen geschaffen wurde. Ein Lager, das groß genug *für* drei Legionen angelegt war.

[97] Siehe im Zusammenhang in Anm. 84 (119,4).

[98] Aus einer Schrift von Frontinus mit dem Titel: »Über die Maßregeln, welche nach der Schlacht zu ergreifen sind, wenn die Sache gut gegangen ist, um den Rest des Krieges zu Ende zu führen.« findet sich folgende Passage: »L. Sulla zeigte denen, die zu Praeneste belagert wurden, die Häupter ihrer in der Schlacht gefallenen Anführer, auf Lanzen gesteckt, und brach so die Hartnäckigkeit der Widerstrebenden. Arminius, der Anführer der Germanen, ließ die Häupter derer, die er getötet hatte, ähnlich aufgesteckt an den Wall der Feinde bringen und brach auf diese Weise den Widerstand der Übriggebliebenen.« (Frontinus II 9 nach Ritter-Schaumburg 1988, 37–38) Auch hier stellt sich die Frage, warum dieser eindeutige, auf einen anderen Ablauf der Varusschlacht hinweisende Satz nicht bei Cassius Dio steht?

[99] Siehe im Zusammenhang in Anm. 84 (119,4).

[100] Siehe im Zusammenhang in Anm. 84 (119,3).

[101] Siehe im Zusammenhang in Anm. 90 (hinten, fett ausgezeichnet).

[102] Siehe im Zusammenhang in Anm. 84 (119,5).

[103] Siehe im Zusammenhang in Anm. 84 (119,4).

[104] Siehe im Zusammenhang in Anm. 95 (I 61).

[105] Mit diesem Ausdruck »[...] [die Germanen hatten] die Tribunen [...] geschlachtet« und zwei Zeilen weiter »[...] hier seien die Legaten gefallen [...]« wird ohne Zweifel auf einen Kampf an dieser Stelle hingewiesen. Ganz im Gegensatz zu Cassius Dio, der von einem Selbstmord der Offiziere berichtet. »Die Folge davon war, daß Varus und die obersten Offiziere aus Furcht, lebendig gefangen zu werden oder der verhaßten Feinde Hand zu fallen – verwundet waren sie nämlich schon – eine traurige, aber durch die Not gebotene Tat vollbrachten, in dem sie sich in ihre eigenen Schwerter stürzten.« (Cassius Dio LVI 21) Der Unterschied von »im Kampf (tapfer) gefallen« oder »in die eigenen Schwerter stürzen« ist für Soldaten grundlegend. Tacitus kämpfte mit den Soldaten der Legionen und dürfte kaum aus Nachlässigkeit diese „feine" Unterscheidung unterlassen haben. Warum wurde so unterschiedlich berichtet? Wenn die Schilderung der Vorgänge bei der Varusschlacht durch Cassius Dio der Wirklichkeit entsprochen hätte, dann müßte bei Tacitus sinngemäß folgende Bemerkung gestanden haben: Dort lagen die Gebeine der Offiziere, die nach dem Tod von Varus in ihrer Verzweiflung sich ebenfalls in ihr Schwert gestürzt hatten. Aber genau das wurde *nicht* von den Überlebenden berichtet. So stehen sich zwei völlig verschiedene Schilderungen des Ereignisses gegenüber.

[106] Tacitus Ann. I 61: »Dann erkannte man an dem halbeingestürzten Wall und dem niedrigen Graben, daß die schon zusammengeschmolzenen Reste sich dort gelagert hatten.« Siehe im Zusammenhang in Anm. 95.

[107] Die Folge von »prima« und »deinde« im lateinischen Text muss nicht zwangsläufig eine Aufzählung sein, z. B. das *erste* Lager ..., das *zweite* Lager ... In diesem Sinne wird allgemein übersetzt. »prima Vari castra« könnte genauso als ein Begriff verstanden werden, der in drei zusammengehörige Worte gefasst war: »Varus-haupt-lager«. Im Zusammenhang mit der Führung über das Schlachtfeld kann nach den bisherigen Stationen »deinde« durchaus »weiterhin« bedeuten. Auch diese Bedeutung hat das

lateinische Wort »deinde«.

[108] Hier stellt sich die Frage, ob die Legionäre in den weit verstreuten Lagern ganz ohne Führungsoffiziere gelassen wurden. Das ist kaum denkbar. Wegen der Feier im Sommerlager waren wohl nur noch niedere Dienstgrade bei den Einheiten. Beim Eintreffen der Schreckensnachricht von Varus' Tod wird die Autorität vieler dieser Führer nicht ausgereicht haben, um eine Panik abzufangen. In Anreppen kam es wohl noch zu einem einigermaßen geordneten Abzug und zur Vernichtung von potenzieller Beute (Funde von Nägeln in Brunnen und Latrinen).

[109] »Auch Maroboduus [Marbod] sparte nicht mit prahlendem Eigenlob oder Beschimpfungen der Feinde. Dagegen beteuerte er, Inguiomerus an der Hand haltend, dessen Person sei der Inbegriff der ganzen Ehre der Cherusker, dessen Ratschlägen seien alle bisherigen Erfolge zu verdanken. Arminius nehme in seinem Wahn und in der Verkennung der wahren Lage fremden Ruhm für sich in Anspruch, weil er **drei Legionen, die planlos daherzogen** [Hervorh. v. Verf.], und einen arglosen Führer treulos getäuscht habe, zum großen Unglück von Germanien und zu seiner eigenen Schande, da seine Gattin, da sein Sohn noch immer in Knechtschaft schmachten […]« Tacitus Ann. II 46
Die (gefettete) Stelle lautet »tres vacuas legiones« und wird von Woyte (1916,III 54) übersetzt mit »drei umherirrende Legionen«. Höfer (1888, 158) übersetzt »drei ungerüstete (dienstfreie) Legionen«. Ritter-Schaumburg (1988, 134) übersetzt »drei dienstfreie (vacuas) Legionen«. Millhoff (2002, 159) schließlich übersetzt »drei dienstfreie Legionen«. An diesem Beispiel wird deutlich, inwieweit Übersetzung auch Textinterpretation bedeutet und die Quellenaussage beeinflusst.

[110] Ritter-Schaumburg 1988, 126.

[111] Brepohl (2004, 53) kommt zu einer ähnlichen Zeit (2 Uhr 50) und gibt in Anm. 77 die Quelle an: »So die Berechnung des Leiters des Planetariums des Westf. Museums für Naturkunde, Herrn Dr. Peterseim, auf der Grundlage von H. ZEMANEK: Kalender u. Chronologie, München 1987; Astronom. Computerprogramm Voyager II, © Carina Software San Leandro California 1992«

[112] »Außer bei unvorhergesehenen und plötzlichen Ereignissen kommen die Germanen an bestimmten Terminen zusammen, entweder bei Neumond oder Vollmond; denn für Unternehmungen erscheint ihnen diese Zeit als ein besonders verheißungsvoller Anfang.« Tacitus Germ. 11.

[113] »Die Priester, die bei dieser Gelegenheit [ein Thing der Germanen] auch Strafgewalt haben, gebieten Ruhe […].« Tacitus Germ. 11.

[114] Siehe im Zusammenhang in Anm. 84 (118,3).

[115] Glüsing (2000, 119 f) schreibt:»Die Belegungszeit dieses Legionslagers (=Anreppen, Anm. d. Verf.) war nur kurz: Ende 4 n. Chr. bis Herbst 9 n. Chr.«
Damit wird unabhängig von Ritter-Schaumburg (1988, 126) und Brepohl (2004, 53) von einem Archäologen eine gleiche Zeit für das Ende eines nahen Kastells genannt.

[116] »Lobende Erwähnung verdient ebenso die Tapferkeit des Lagerpräfekten L. Caedicius und seiner Soldaten, die mit ihm in Aliso eingekesselt und von den Germanen mit einer ungeheuren Truppenmacht belagert wurden […].« Velleius P. II 120,4.

[117] Bökemeier 2004.

[118] Nach Hölzermann (1878), Ergänzungen von Bökemeier (2004, 8 und 12/13)

[119] In den folgenden Jahren wurden unter der Führung von Tiberius diese Erkundungszüge bis zur Elbe und wahrscheinlich darüber hinaus bis zur Oder ausgedehnt (Velleius P. II 106). Da die verschiedenen Übersetzer des lateinischen Textes sich offensichtlich nicht vorstellen konnten, daß mit den Beschreibungen ein Umrunden von Dänemark und eine Fahrt durch das Skagerrak gemeint war, fiel die Übersetzung entsprechend aus. Horst Leiermann (Gelbbuch 1 2005) sieht das anders und entnimmt dem Paterculus-Text die knappe Schilderung einer Fahrt zur Oder(mündung), die verwirrenderweise ebenso »Albi« genannt wird wie die Elbe. Der Sinn der Unternehmung mit den Schiffen wäre der Transport von Nachschub (Velleius P. II 106,3), der nur äußerst mühsam oder überhaupt nicht auf dem Landweg an die so weit vorgedrungenen Legionen von Tiberius herangebracht werden konnte.

[120] Von Schloss Neuhaus ausgehend bis zur Weser untersuchte Horst Leiermann zahlreiche Strukturen, die möglicherweise auf römische (Marsch)Lager zurückgehen. Sie liegen auf Linien, die fächerförmig von Neuhaus zum Halbrund der Weser zwischen den Beverungen und Minden verlaufen. In seinen Schriften (1998, 2005) stellt er seine Überlegungen dar. Weitere Hinweise liefern ihm Grenzen in den Felderfluren (teils auch innerhalb von Orten), die wie vom Reißbrett quer zu Hanglagen gezogen wurden ohne Rücksicht auf natürliche Grenzen wie flache Täler, Bäche usw. Es ist durchaus möglich, daß sich schon jetzt verstreute Funde aus der Römerzeit in Museen und Privatbesitz befinden, die bisher nicht sinnvoll eingeordnet wurden. Sie könnten die Deutung als Zeichen einer Feldwirtschaft der Römer in diesem Raum unterstützen.

[121] Zonaras X 37; siehe im Zusammenhang in Anm. 44.

[122] Cassius Dio IV 56,19,1; siehe im Zusammenhang in Anm. 182.

[123] »Zufällig riß sich ein Pferd von seinen Fesseln los, rannte, durch das Geschrei scheu geworden, umher und warf einige Leute um, die ihm in den Weg kamen. Man glaubte an einen Überfall der Germanen, so kam es zu einer solchen Panik, daß alles zu den Toren stürzte, und zwar hauptsächlich zu dem rückwärts gelegenen Tor, das, vom Feinde abgelegen, den Fliehenden größere Sicherheit bot. Als Caecina feststellte, daß kein Grund zur Angst vorliege, er selbst jedoch weder durch sein Ansehen noch durch Bitten, ja nicht einmal durch tätliches Eingreifen dagegen etwas ausrichten oder die Mannschaften zurückhalten konnte, warf er sich auf die Schwelle des Tores. Erst indem er Mitleid erweckte, sperrte er den Weg, da man über den Körper des Legaten hätte gehen müssen. Zugleich klärten die Tribunen und Centurionen die Leute darüber auf, daß es blinder Alarm sei.« Tacitus Ann. I 66.

[124] »Auch Arminius und die übrigen Häuptlinge der Germanen unterließen es nicht, ihren Leuten zu versichern, hier habe man es mit den Römern des Varusheeres zu tun, die so ausgezeichnet zu fliehen verstehen und die, um keinen Krieg auf sich nehmen zu müssen, sich auf Meuterei verlegt hätten.« Tacitus Ann. II 15.

[125] »Sogar Aliso blieb für sie uneinnehmbar; denn sie verstanden sich nicht auf eine regelrechte Belagerung des Platzes.« Zonaras X 37; siehe im Zusammenhang in Anm. 44 (Zonaras).

[126] Siehe im Zusammenhang in Anm. 84, 119,2.

[127] Eine aktuelle Zusammenstellung von Funden römischer Münzen, Keramiken und Metallteilen in Lippe/Ostwestfalen hat Michael Zelle (2005, 240–279) veröffentlicht. (Die Funde von Eggenstein im Saatental, Balhorn und Hoppenhof bei Paderborn, siehe Anm. 154, sind noch nicht berücksichtigt.) Er kann aus den weit verstreuten Fundstücken weder eine Massierung erkennen, die auf einen Schlachtplatz ähnlich Kalkriese schließen lassen, noch Ansätze herleiten für Grabungen, die einen solchen

Ort zutage bringen würde. Er neigt zu Erklärungen, dass diese Funde entlang von Straßen der Römer und Germanen verloren wurden oder dass sie in Verbindung mit germanischen Siedlungsstellen in die Erde kamen. Diese vorsichtigen Einschätzungen sind schon deswegen verständlich, weil häufig das Fundstück im Laufe der Jahre verloren ging, der Fundort nicht oder nur ungenau bekannt ist. Meistens sind es Lesefunde, bei denen zwangsläufig viel zu wenige Informationen über den Kontext vorhanden sind, um eine richtige Einschätzung der Bedeutung des Fundes zu ermöglichen. Er stellt aber an den Übergängen über den Osning eine auffällige Häufung der Funde fest, daneben bei Lügde und Lemgo.

Diese Feststellung wirft die Frage auf, warum gerade an diesen Stellen der Übergänge über den Teutoburger Wald diese Häufung der Funde auftritt. An entfernt liegenden Wegen und Straßen, die zu diesen Passagen führen, oder an möglichen Lagerplätzen wird weit seltener eine Münze aufgelesen. Michael Zelle hat sich diese Frage wohl auch gestellt, denn er schreibt (Seite 250): »Grundsätzlich könnte hinter diesen Funden auch mehr stecken, wie etwa römische Stützpunkte zur Sicherung dieser Übergänge oder **Kampfgeschehen unterschiedlicher Zeitstellung**« [Hervorh. v. Verf.]. Auch stellt er die Überlegung an (und weist auf Frank Berger hin: Untersuchungen zu den römerzeitlichen Fundmünzen in Nordwestdeutschland. Studien zu Fundmünzen der Antike 9, Berlin 1992, 48 ff, 114, 125), daß »bei Lesefunden die Wahrscheinlichkeit, daß diese eher während der römisch-germanischen Auseinandersetzungen um die Zeitenwende als im 2. und 3.Jahrhundert n. Chr. nach Germanien gelangt sind, wesentlich höher ist« (Seite 247). Interessant sind in diesem Zusammenhang die Funde am Nord- und Südausgang des Passes bei Horn. Insbesondere auf der Gemarkung Finkenkrug in Oesterholz (Kat.-Nr. 17) sind bemerkenswerte augusteische Fundstücke zutage getreten.

Auf dem Hügel „Paschenburg" am Stadtrand von Horn vermutet Horst Leiermann ein Römerlager. (Gelbbuch 1, Seiten 57 ff) Wie weit diese Stelle mit den Funden in Verbindung gebracht werden könnte, wäre zu prüfen.

[128] Dörenschlucht und Pivitsheide.

[129] Abb. nach Zelle (2005, 259)

[130] Tacitus Ann. I 55.

[131] Zelle (2005, 242) berichtet von Zweifeln: »Den bisherigen Forschungsergebnissen folgend gibt es tatsächlich eine Reihe von starken Indizien, die für diese Identifizierung sprechen. Doch gibt es ebenfalls bedenkenswerte Argumente, die dagegen sprechen, und so ist die Gleichsetzung Kalkrieses mit dem Ort der Varusschlacht auch in der althistorisch-archäologischen Forschung durchaus umstritten.« Er benennt in einer Fußnote mehrere entsprechende Literaturstellen.

[132] Schlüter/Wiegels 1999.

[133] Bökemeier 2004, 42 f. Auf einer Vielzahl von Münzen sind diese Einhiebe zu finden. Daher liegt es nahe, dass dieser Wutausbruch erst kurze Zeit vor dem Gefecht stattgefunden hat, bei dem die Münzen in die Erde kamen. Das häufige Vorkommen von Geldstücken mit dieser Markierung lässt vermuten, dass sie von Soldaten einer an der Empörung beteiligten Legion stammen. Da diese Unruhen in den Legionen im Jahr 14 n. Chr. begannen, können Münzen mit den Einhieben nicht fünf Jahre früher, also 9 n. Chr., verloren worden sein.

Für die „Einhiebe" auf den Münzen beschrieb Heinrich Chantraine 2002, S. 84, eine andere Erklärung. Weil die Beschädigungen auf beiden Seiten der Münzen, nur auf der Vorderseite, oder nur auf der Rückseite vorkommen, konnte er sich ein (Gewinn-) Spiel um die Münzen vorstellen, bei dem mit Messern nach den Geldstücken geworfen wurde. Zu bedenken ist bei dieser Deutung, dass die Kerben meistens recht genau oder bevorzugt die Mitte des Münzbildes treffen. Ein Messer wird in einer solchen Vielzahl von Fällen wohl kaum mit dieser Treffsicherheit geworfen. Veränderungen an Münzen waren bei den Römern streng verboten. Die Marken durch die Messer waren aber schon Veränderungen. Hier wäre ein Verbot übertreten worden. Das ist aber nur bei gelockerter Disziplin in der Legion zu erwarten, wie im Jahr der Empörung 14 n. Chr. Die Marken sind also auf das gleiche Ereignis bei den gleichen Legionen zurückzuführen und sind daher im gleichen Sinne zu werten.

[134] Tacitus Ann. I 31/32.

[135] Die Annahme trifft nicht zu, dass bei der erstmaligen Zuteilung der Münzen nur die darauf eingeprägte Legion die ihr zugehörigen Legionsdenare erhielt. Rom hat bei Engpässen auch an Legionen Legionsdenare ausgegeben, deren Insignien nicht darauf eingeprägt waren. Für die Herkunft und die Vermischung des Münzbestandes gibt es vielerlei Gründe. Deshalb sind Rückschlüsse aus den gefundenen Münzen mit Vorsicht zu ziehen. Auch das Gegenteil, ein Entmischen des Bestandes, ist denkbar, weil eine Vorliebe für bestimmte Münzen vorhanden gewesen sein könnte. Lippek 2002, 249, Fn. 31: »Ein Erklärungsmodell der heterogenen Verteilung wäre die Möglichkeit, daß Legionäre, die stolz auf ihre Legion waren oder zumindest gerne in ihrer Einheit dienten, Denare mit der Legionsziffer ihrer Legion sammelten oder soweit wie möglich zurückhielten. Backendorfs Hinweis, ›daß republikanische Münzen mit Ausnahme der Legionsdenare Marc Antons ab trajanischer Zeit schnell aus den Schätzen verschwinden‹, da Trajan ›alles abgenutzte Geld einschmelzen ließ‹ (Backendorf 1998, 24) belegt, dass die Legionsdenare zumindest um 100 n. Chr. eine besondere Behandlung erfuhren (lt. Prof. Wolters auf Grund ihres Silbergehaltes; mündlich [zu Lippek] Mai 2002)«.

[136] Unter welchen Umständen ein Gegenstempel aufgebracht wurde, ist bisher nicht bekannt. Bei Mangel an größeren Münzen für Soldzahlungen oder für Geldgeschenke des Feldherrn nach gelungenen Unternehmungen könnte vermutlich mit dem Gegenstempel die Münze einen höheren Wert erhalten haben. Damit verbunden wäre ein Versprechen zum Umtausch in allgemeingültige Zahlungsmittel zu einem späteren Zeitpunkt, wenn wieder neues Geld zur Verfügung steht.

[137] Bökemeier 2004, 234 ff.

[138] Auf dieser Quelle beruhen die Aussagen bei Bökemeier (2004, 234 ff., Anm. 28). Lippek analysiert in dieser Schrift die Münzfunde in Haltern und Kalkriese (= Barenaue) auch nach ihrem Prägeort. Nach diesem Sortierkriterium unterscheiden sich die Münzfunde an beiden Orten auffällig voneinander. Die Legionen an den beiden Plätzen hatten Münzen in Gebrauch, die sich in ihrer Herkunft und Zusammensetzung deutlich voneinander abheben. Die acht Legionen von Germanicus wurden zum Teil aus großer Entfernung nach Germanien zusammengezogen. Für vertiefende Studien zur Auswertung der Münzfunde sollte die Schrift von Lippek (2002, 223-263) herangezogen werden. (siehe auch Anm. 135)

[139] Bökemeier 2004, 234 ff.

[140] Nur fünf bis sieben Jahre lagen zwischen der Varusschlacht und dem Kriegszug von Germanicus in den Jahren 14 bis 16 n. Chr. 2000 Jahre später ist es für Archäologen eine besondere Herausforderung, anhand von Grabungsfunden die Fundplätze den beiden Ereignissen richtig zuzuordnen. Um der Forderung nach einer korrekten

wissenschaftlichen Arbeit gerecht zu werden, muss eine deutliche Unterscheidung der beiden Episoden angestrebt werden ohne ein von Anfang an festgelegtes Endergebnis. Die ausgegrabenen Gebrauchsgegenstände am Kalkrieser Berg lassen keine ausreichend präzise Datierung zu. Die Fundmünzen können bei einer weiteren zeitlichen Einengung helfen. Die zuletzt geprägte Münze ermöglicht den Schluss, dass die Fundstücke bald nach der Prägung dieser Münze in die Erde kamen. Tritt diese»Schlussmünze« in mehreren Exemplaren auf, muss sich die Datierung nicht nur auf ein einzelnes Stück dieser Prägung stützen, sondern die Aussage wird bekräftigt (Berger 1996, 21). Die jüngste Münze (Schlussmünze) ist nach Berger (21) in Haltern und Kalkriese ein Silber-Denar (Gaius/Lucius-Typ), der dort häufig gefunden und von 2 v. Chr. bis 1 n. Chr. in Lugdunum (Lyon) geprägt wurde. Die Ausgabe dieser Münze soll spätestens 14 n. Chr. beendet worden sein (Berger 2004, 273).

Die nächst jüngeren Prägungen wären Kupfer-Asse aus Lyon (geprägt ab ca. 12 n. Chr., »Lugdunum II«oder »Altar II« genannt) gewesen. Von dieser Münze wird weder ein Fund in Kalkriese noch in Haltern gemeldet. Das Fehlen dieser Münze war für Berger (1996, 58) die Bestätigung, dass in Kalkriese die Varusschlacht stattfand. Anläßlich einer späteren Veröffentlichung (Berger 2004) rückt er davon nicht ab. In dieser Ansicht fühlte er sich durch Theodor Mommsen bestärkt, der schon 1884 die Vermutung äußerte, in Kalkriese/Venner Moor habe die Varusschlacht stattgefunden (ebd.).

Seinen Fachkollegen wie Reinhard Wolters (2000, 81–117) und Peter Kehne (ebd., 47–79) erscheint ein solcher Rückschluss, nur auf Grund einer fehlenden Münze, nicht fundiert genug.

Wenn eine Münze gefunden wurde, dann kann ihr Vorhandensein einen Beweis darstellen. Wurde sie nicht gefunden und sind mehrere Gründe für ihr Fehlen denkbar, dann ist eine solche Beweisführung nicht überzeugend. Es kann durchaus sein, dass sie bis zu dem Ereignis noch nicht an diese Stelle vorgedrungen war oder an diesem Platz nicht verloren wurde oder bisher noch nicht gefunden wurde oder inzwischen durch Verwitterung vergangen ist oder nie an diese Stelle gelangt war, weitere Ursachen sind nicht ausgeschlossen. Eine Argumentationskette, die eine vielleicht zufällige Lücke als Beweis ansieht, sollte nur mit äußerster Vorsicht gehandhabt werden. Leider wurde östlich des Rheins noch keine dieser Kupfermünzen gefunden, das könnte bedeuten, auch die Legionen von Germanicus haben sie nicht bei Kämpfen oder in einem Lager verloren (weitere Gründe siehe oben). Andernfalls erhielte die These von Berger eine Stütze, wenn auch eine recht schwache.

Wolters beschäftigt sich folgerichtig mit der Frage, wie schnell verschiedene Arten von Münzen vom Prägeort aus in den vorhandenen Münzbestand eindiffundieren. Unter Abwägung der unterschiedlichsten Einflussfaktoren auf die Ausbreitungsgeschwindigkeit sieht er sich außer Stande, sich auf bestimmte Zeitspannen festzulegen. Berger (1996, 21) nimmt den Zeitraum von einem Jahr an, bis eine Münze der Serie Lugdunum II von Lyon bis an den Niederrhein gewandert wäre. Leider lässt er den Leser nicht an seinen Folgerungen und Überlegungen teilhaben, die zu dieser Zeitangabe führten. Einen frühesten Zeitpunkt für das Erscheinen eines Lugdunum II Asses am Mittelrhein konnten Archäologen erst für ca. 30 n. Chr. nach Sondierungen eines Römerlagers bei Trebur-Geinsheim (südl. Mainz) benennen (Hanel, 2000, Seiten 171 ff. ; Wigg-Wolf, am 24.3.2004, Vortrag in Gütersloh, datiert »um 25 n. Chr.« Da es sich um Lesefunde handelt, kann keine genauere Zeitbestimmung vor einem Aufschluß durch Grabungen erwartet werden). Der Wanderungsweg von Geinsheim bis Kalkriese wäre noch etwa 300 Kilometer weiter gewesen. Das verzögerte Vordringen der Münzmeisterstücke von Rom über die Alpenpässe und Augsburg bis zur Ausbreitung an den Rhein zeigt Berger (1996, 41 f.) in den Abb. 22 und 23 als eindrucksvolles Beispiel für die hindernisreiche Diffusion von einem Prägeort aus. Auf der Rheinschiene fand von Lyon aus ein intensiverer Münzaustausch statt, der dieser wichtigen Handelsroute folgte. Im ersten Jahrhundert n. Chr. gelangte »Lugdunum II« auch an den Niederrhein, doch wie schnell?

Berger führt einen »Strukturvergleich« an, den er von den Fundmünzen von

»Kalkriese – Haltern – Xanten« erstellt hat (1996, 21 ff.). Eine Differenzierung
zwischen den Jahren 9 und 14/16 n. Chr. gelingt ihm damit nicht. Wolters kommt zu
einem entsprechenden Schluss (2000, 96–103). Unter dem Begriff »Strukturvergleich«
erwartet man mehr als nur die Anzahl der gefundenen Münzen geordnet nach ihrem
Prägedatum. Kehne listet eine ganze Anzahl weiterer Datierungsmöglichkeiten auf,
die für den Zeitraum 10 bis 16 n. Chr. existieren (2000, Nachträge). Er unterstreicht
damit, dass weitere Kriterien zur Feindatierung eines Zeitraumes von 6 Jahren
herangezogen werden müssen, um das gesetzte anspruchsvolle Ziel zu erreichen.
Hinzu kommen noch Erschwernisse. Haltern könnte nach dem Verlassen durch die
Römer im Zuge der Varusschlacht (Zonaras: »Auch die festen Plätze der Römer fielen
bis auf einen sämtlich in die Hände der Feinde«, siehe Anm. 44, und dieser eine Platz,
Aliso, wurde wegen Nahrungsmangel von den Römern verlassen) in den Folgejahren
durch Tiberius und/oder Germanicus wegen seiner hervorragenden logistischen und
strategischen Lage sehr bald wieder bezogen worden sein. Der Hafen von Haltern
konnte mit den größeren Transportschiffen vom Rhein ohne Umladen direkt erreicht
werden (siehe Anm. 25). Brandspuren hätten bewiesen, dass die Germanen das
Kastell nach der Eroberung und dem Ausrauben angezündet hätten. Weil aber die
Brandschicht auf dem Gelände fehlt, kann nicht geschlossen werden, die Germanen
hätten das Kastell nicht erobert. Die Brukterer oder Sugambrer könnten auch einmal
keinen Brand gelegt haben entgegen der allgemeinen Erwartung. Die Hortfunde
der Münzen deuten auf eine Eroberung oder eine ähnliche Zwangslage hin, die
zu einem Deponieren von größeren Barschaften geführt haben muss. Wir hätten
dann mit verstreut verlorenem Geld im Verlauf von mehreren Jahren Lagerleben
zu rechnen *und* mit einer Eroberung des Lagers verbunden mit Hortfunden. Beide
Gesichtspunkte, Hort- oder Streufund, sollten in einem Strukturvergleich getrennt
behandelt werden. Für ihre Zusammensetzung sind grundsätzlich verschiedene
Gründe maßgebend.
Berger (1996, 43) stellt fest, dass die Kupfermünzen »Nemausus I« (Nîmes,
Südfrankreich) in Haltern 9,5 % der Fundmünzen darstellen, während sie in
Kalkriese nur 0,6 % ausmachen. Er deutet diese statistische Gegenüberstellung
dahingehend, daß der Münzbestand in Kalkriese erheblich jünger sein müsste als aus
dem Römerlager Haltern. Stellt er damit seine These »Kalkriese = Varusschlacht« in
Frage? Oder will er dadurch Bedenken an Vergleichen von Hortfunden in Kalkriese
mit Streufunden aus einem über Jahre besetzten Kastell verdeutlichen? Es ergeben
sich weitere Fragen: Könnten die Legionen I, V, XX und XXI von Legat Aulus Caecina
in ihren ursprünglichen Standorten mit den Kupfermünzen aus Nîmes weniger gut
versorgt gewesen sein? Wären sie alle Varuslegionen gewesen, gäbe es kaum eine
schlüssige Begründung für diese Differenz in der Häufigkeit bei den verschiedenen
Sorten Kupfergeld.
Die erweiterte Diskussion um die Gegenstempel und den Zeitpunkt ihrer
Aufbringung der Münzen muss als Suche nach weiteren Differenzierungsmögl
ichkeiten verstanden werden. Offensichtlich, wenn auch nicht direkt eingestanden,
genügten nicht die bisher üblichen Methoden, den gestellten Anforderungen an
die Feindatierung gerecht zu werden (Chantraine 2002, 81 ff., Anm. 133). Es wäre
sehr zu wünschen, dass mit der Fülle der dafür erforderlichen Fachkenntnisse neue
Zusammenhänge aufgedeckt werden. Die Gegenstempel sind sicherlich mit den
einfachen Mitteln Punzeisen und Hammer aufgebracht worden. Dieses einfache
Handwerkzeug müsste eigentlich zu Fälschungen verlockt haben. Die Abdrücke, die
einen doppelten Hammerschlag erkennen lassen, legen den Verdacht einer Nacht-
und Nebelaktion mit einem ungeeigneten Schlagwerkzeug nahe. Auch Gegenstempel
auf Silbermünzen deuten auf schlechte Beleuchtung bei den Arbeiten hin. Trotz
dieses Verdachts ist auch eine Höherstufung des Wertes der Silbermünze durch den
Gegenstempel auf das Niveau eines Aureus durchaus denkbar, um Zahlungen an höhere
Dienstgrade zu ermöglichen. Auf diese Weise hätte die Silbermünze den 25 fachen
Wert erhalten. Chantraine beschäftigte sich mit einer Reihe von Widersprüchen, wenn
z. B. Gegenstempel in wechselnder Reihenfolge übereinander liegen. Unter diesen

Umständen sollte die Möglichkeit von mehreren falschen Gegenstempeln in die Überlegungen mit einbezogen werden. Die immer wieder zitierte Einschränkung, die Gegenstempel markieren Donationen, schließt weitere denkbare Möglichkeiten aus. Wenn zur Bezahlung der Legionäre nicht genügend Denare zur Verfügung standen, könnte mit dem »Ersatzgeld«, das durch eine Aufwertung der Kupfermünzen mit Hilfe eines Gegenstempels entstand, ein »Zahlungsversprechen« in beliebiger Höhe und Menge generiert werden. Die Fortführung des Gedankens wäre eine Teilfinanzierung des Germanicus-Feldzuges durch dieses Mittel der Geldvermehrung. Vielleicht lässt sich damit das überaus häufige Auftreten von Gegenstempeln auf den Fundmünzen von Kalkriese erklären.

Die Gegenüberstellung der Legionsdenare von Lippek (siehe Anm. 135) bezieht geschichtliche Ereignisse mit in die Auswertung ein. Von welchen Standorten kamen die jeweiligen Legionen nach Germanien? Welche Prägeorte und welche Nachbarlegionen dokumentiert ihr Münzbestand? Welche Legionen können als Beteiligte an einem Kampf identifiziert werden, nicht nur anhand der Legionsdenare? Lippek macht eine Reihe von Vorschlägen (2002, 226 ff., siehe Anm. 135) zur Unterscheidung nach weiteren Kriterien.

Wenn wir einen Zeitraum mit einer Feindifferenzierung von nur sechs Jahren einer 2000 Jahren zurückliegenden Epoche bewältigen wollen, dann müssen ausgetretene Pfade der Forschung kreativ verlassen werden, und wir müssen ergebnisoffen an die Aufgabe herangehen.

[141] Tacitus Ann. I 63–65.

[142] Tacitus beschreibt in Germania 11 das Verhalten der Germanen bei einer Volksversammlung: »Dann hört man den König an oder die Stammeshäupter, jeweils nach dem Alter, nach dem Adel, nach dem Kriegsruhm, nach der Redegabe; hierbei kommt es mehr auf die Überzeugungskraft an als auf Befehlsgewalt.«

[143] »Nicht geringe Unruhe herrschte bei den Germanen. Zuversicht und Kampflust erfüllten sie, während ihre Führer uneins waren. Arminius riet, die Feinde abziehen zu lassen und sie dann wieder in dem sumpfigen, unwegsamen Gelände zu umzingeln, während Inguiomerus für ein energischeres Vorgehen, das bei den Barbaren freudigen Anklang fand, eintrat und den Wall umzingeln und erstürmen wollte.« Tacitus Ann. I 68.

[144] Tacitus Ann. II 16/17. Arminius hatte die Cherusker auf die Höhe gestellt und hätte die Bogenschützen (wahrscheinlich von Auxiliareinheiten) überrannt, wenn nicht andere Kampfgruppen der Römer ihnen zu Hilfe gekommen wären. Die älteren Führer hatten sicherlich die traditionelle Kampfweise und frontale Aufstellung der Heere durchsetzen wollen. Das andere Germanenheer hatte »[...] in der Ebene Aufstellung genommen und stürmte in wildem Ungestüm vor [...]«, floh aber bald in Richtung Wald vor dem geordneten Angriff der Römer. Dieser klassische Kampf ging sehr blutig für die Germanen aus, denn darauf waren die Römer mit ihrer geordneten Kampftaktik bestens eingestellt. Die späteren Gefechte waren wesentlich erfolgreicher für die Germanen. Offensichtlich hatte von da an Arminius die Führung in der Hand und mit Überraschungsangriffen auf Marschkolonnen im unwegsamen Gelände großen Erfolg. Tacitus beschrieb die Achtung vor den älteren Führern in Tacitus Germ. 11 (siehe dazu Anm. 142).

[145] Siehe Kapitel »Segestes« und Anm. 76.
[146] Siehe hierzu den Bericht von Tacitus in Anm. 109.

[147] Tacitus Ann. I 61; siehe im Zusammenhang in Anm. 95.

[148] Diese Tötung der römischen Offiziere war ein Menschenopfer. Solche Handlungen durften nur Priester der Germanen vornehmen, Kriegern war töten nur im Kampf

erlaubt. Nach Siegen brachten die Priester ein Dankopfer dem »Siegverleiher« Wodan. Tacitus Germ. 9 schreibt: »Von den Göttern verehren sie am meisten den Merkur (Wodan); sie halten es für geboten, ihm an bestimmten Tagen auch Menschenopfer darzubringen.« Siehe auch Höfer 1888, 197 ff.

[149] 1988, 153 ff.

[150] 2002, 303 ff.

[151] Zwischen Bielefeld und Detmold.

[152] 1888, S. 75 ff.

[153] Tacitus Ann. I 61; siehe im Zusammenhang in Anm. 95.

[154] »Wenn aber Aliso wirklich unter Paderborn versteckt liegen sollte, wird sich das mit Sicherheit nicht mehr beweisen lassen, denn wer käme schon auf die Idee, aufgrund einer solchen Spekulation tief unter den fränkischen Spuren erneut den Boden unter dem Paderborner Dom und der Kaiserpfalz aufzuwühlen, um nach römischen Spuren zu suchen.« (Millhoff 2002, 182)

Diese berechtigten Bedenken gelten natürlich genau so, wenn nach dem Sommerlager von Varus gesucht würde. Doch ganz so hoffnungslos sieht es nicht aus. Wir warten noch auf den archäologischen Bericht von Grabungen vor dem Errichten einer bekannten Bank. Solche Gelegenheiten wird es vielleicht noch öfter geben. Am Maspernplatz könnten möglicherweise canabae gestanden haben.

Bei Grabungen im Westteil der Stadt Paderborn in den Abschnitten „Balhorn, Saatental und am Hoppenhof" wurden provinzialrömische Fibeln in ungewöhnlicher Häufung gefunden. Eggenstein (1998, 40 ff):»Fibeln dieser Art wurden nach dem heutigen Kenntnisstand um die Zeitenwende in der römischen Provinz an Niederrhein und unterer Maas hergestellt. «Für eines der Stücke nimmt er den »östlichen Alpenraum« als Ursprungsgebiet an. »Für die Fibeltypen…ist eine Laufzeit von ca. 15 v. Chr. bis 15 n. Chr. herausgearbeitet worden.« Weiter: »Ihr ungewöhnlich häufiges Auftreten in den Paderborner Siedlungen deutet auf intensive Beziehungen (der Germanen, Verf.) zur römischen Besatzung hin, die durchaus friedlicher Art gewesen sein können.« und »Obwohl die Fibeln…zur Ausrüstung der in Germanien eingesetzten Legionäre gehörten und dementsprechend häufig in römischen Kastellen gefunden werden, etwa in Haltern oder in Anreppen, ist ihr Auftreten in Paderborn keineswegs als Hinweis auf die Existenz eines Römerlagers zu werten. Zwar sind entsprechende Stücke in Westfalen außerhalb der Militäranlagen allgemein sehr selten. Es gibt aber aus Ostwestfalen einen der wenigen Belege dafür, daß auch die einheimische Bevölkerung diese Fibeln in größerem Umfang benutzt hat: In dem germanischen Brandgräberfeld Talmühle in Petershagen-Lahde (Kr. Minden-Lübbecke) wurden insgesamt 19 provinzialrömische Fibeln als Grabbeigaben gefunden (vergl. Bérenger 1998, 14–17).«

Die vorsichtige Wertung der Funde durch die beiden Autoren berücksichtigt, daß die vermuteten Römerlager in Minden, Schloss Neuhaus-Wilhelmsberg oder Paderborn von Archäologen bis dato noch nicht lokalisiert wurden. Entgegen bisheriger Erfahrung wurden außerhalb von Römerstandorten an den paderborner Grabungsstätten »ungewöhnlich häufig« Fibeln gefunden, die üblicherweise in Gebrauch von römischen Legionären der augusteischen Zeit waren. Vergleichsstücke dieser legionsspezifischen Fibeln wurden in den Kastellen Haltern und Anreppen ergraben.
Wenn wir die Funde an den beschriebenen Plätzen als Indizien für nahe Römerlager

ansehen und ihre Mehrzahl als Beutestücke der Germanen von geschlagenen und fliehenden römischen Legionären in Verbindung mit den Kämpfen von Arminius betrachten, eilen wir dem wissenschaftlichen Konsens sicherlich voraus. Selbstverständlich könnten einige der Fibeln sowohl in Paderborn wie in Talmühle auch aus Handelsbeziehungen herrühren. Allein die ungewöhnliche Häufung der zeit- und legionstypischen Fundgegenstände ist überaus bemerkenswert und sucht nach einer schlüssigen Erklärung.

In einem weiteren Artikel berichtet Eggenstein (2000, 62 ff) u.a. von einer Bronzemünze (sog. Lugdunum-As) mit Gegenstempel „AUG." Diese Münze wurde wahrscheinlich zu Lebzeiten von Kaiser Augustus noch vor der Statthalterschaft von Varus in Germanien mit diesem Gegenstempel versehen. Eggenstein beschreibt in dem Aufsatz besonders römische Ausrüstungsgegenstände und datiert sie auf »das mittlere Drittel des 5. Jahrhunderts« (Verf.: n. Chr.). Die Münze kann wohl nicht zur Datierung des Fundes herangezogen werden, weil ein Zeitraum von ca. 450 Jahren berücksichtigt werden muß.

Ein neuerer Aufsatz von Eggenstein (2005, 53 ff) beschreibt auf Seite 62 einen Opferplatz von Germanen in einem Quellteich mit vielfältigen und zahlreichen Funden bei Soest-Ardey. An den Paderquellen sollte ein vergleichbarer Opferplatz zu finden sein. Bei der Suche nach seinem Ort müßte die Erosion des Terrains während der vergangenen 2000 Jahre berücksichtigt werden.

[155] Abb. mit freudlicher Genehmigung der Stadt Paderborn, Stadtvermessungsamt, unter Zeichen 62-23-70/4.2006.

[156] Dieses rechtwinklige Straßenraster in der Altstadt von Paderborn war auch Dr. Ing. Leiermann unabhängig vom Autor aufgefallen. Horst Leiermann hat nach seiner Ausbildung zum Architekten mit dem Thema »Technische Rekonstruktion der Planung alter Städte« (1993) promoviert. Mit dem geschulten Blick des Fachmanns für Städtebau hat er im Plan der Innenstadt von Paderborn den Grundriss eines römischen Kastells erkannt. In dem Gelbbuch 4 (2006, 34 ff) reihen sich seine Schlussfolgerungen aneinander:
1. Die Heierstraße (in einem Stadtplan von Ortmann aus dem Jahr 1831 wurde diese Straße bemerkenswerterweise mit Steinweg bezeichnet) mit der Kasseler Straße und die Mühlenstraße, Ükern, Krämerstraße, Thisaut, Domgässchen, Markt/ Domplatz/Am Bogen, Gierstraße, Kamp, Westernstraße bilden ein rechtwinkliges Raster, das schon vor 800 n. Chr. bestanden haben muss, als die karolingische Kaiserpfalz zwischen 777 und 799 gebaut wurde.
2. Bis etwa 1100 n. Chr. wurden beim Bau der mittelalterlichen Städte in Deutschland die Straßen und Gebäude dem Gelände angepasst, um teure Erdarbeiten zu vermeiden. Daher wirken die Siedlungen organisch gewachsen, waren aber, entsprechend den Bedürfnissen der Bewohner, geplant. Erst danach gab es wieder Stadtgründungen in einem Rastermaß (»Rasterstädte«). Ältere Rasterstrukturen in Städten sind dann mit hoher Gewissheit römischen Ursprungs. Das wird deutlich in den von Archäologen anerkannten Römergründungen, z. B. Turin, Bologna, Orange, Arles, Trier und Straßburg.
3. Der Dom, die Abdinghofkirche, die Busdorfkirche und die Bartholomäuskapelle sind exakt (oder recht gut) nach Osten, der Gewohnheit ihrer Entstehungszeit entsprechend, ausgerichtet. Die Achse der karolingischen Pfalz zeigt ebenfalls in diese Richtung. Alle diese Bauten weichen vom Raster der frühen Straßen um etwa 30° nach Süden ab. Die Straßen sind älter als die Kirchenbauten, denn sonst wären sie nach den Fluchtlinien der Sakralgebäude ausgerichtet worden. Wörtlich schreibt Leiermann: »Hätte Karl der Große 777 Paderborn [neu gegründet und; Anm. v. Verf.] als Rasterstadt angelegt, so läge das Raster parallel der Kirchen-Achse. Offenbar ist der Rastergrundriß in Paderborn römisch.« (Leiermann 2006)

4. Die ottonisch-salische Kaiserpfalz wurde anscheinend (etwa zur gleichen Zeit wie der Dom im 11. und 12. Jahrhundert) auf älteren Grundmauern erbaut. Die Fluchtlinie dieser Pfalz ist aus diesem Grund nach dem alten Raster der Straßen ausgerichtet. Die vorhanden gewesenen, alten Mauern gaben diese Ausrichtung vor.

[157] Siehe Millhoff 2002, 183 f., für weitere Informationen.

[158] Die Römer legten ihre Kastelle und Lager bevorzugt auf einem ebenen Geländeabschnitt an, wobei sie die strategischen Vorteile von Abhängen und steilen Flußufern gerne nutzten. Am Verlauf der Heiersstraße in dem Abschnitt von »Am Bogen« bis zur »Mühlenstraße« ist ein leichtes Gefälle des Terrains zu erkennen. Dieser strategische Nachteil für eine Verteidigung des Römerlagers würde leicht durch einen etwas erhöhten Erdwall und den darauf errichteten Palisaden auszugleichen gewesen sein. Für die westliche Begrenzung des Lagers konnten die Böschungen bzw. die Hänge zu den Paderquellen als Überhöhung genutzt worden sein. Die fortschreitende Erosion im Verlauf von 2000 Jahren am Austritt der Paderquellen sollte bei Betrachtung des heutigen Zustandes mit berücksichtigt werden. Die nördlichen (Mühlenstraße) und die südlichen Begrenzungen (Domplatz/Am Bogen) des Lagers befanden sich auf einem ebenen Gelände und stellten damit nichts Ungewohntes dar. Wenn dieser schöne Platz an den wasserreichen Quellen Varus in der geschilderten Weise gefallen hätte, musste dort das Lager angelegt werden, um dem Wunsch des Feldherren zu entsprechen. Über Maßnahmen zur strategischen Optimierung und Befestigung des Platzes war sicherlich zu reden.

[159] Siehe Anm. 46.

[160] Linde 2003.

[161] Ebd., 396.

[162] »Hinzu kommt, daß Einhard in der Karlsvita zum Jahr 783, die Angabe der Reichsannalen ergänzend, von *Theotmalli* am Berg *Osnegge* spricht, (Fußnote 37: Vgl. Reinhold Rau [Bearb.], Quellen zur Karolingischen Reichsgeschichte, Band 1, Darmstadt 1955, Seiten 46 ff.) einem aus mittelalterlichen Urkunden hinlänglich bezeugten Namen für den Höhenzug bei Detmold.« (Linde, 396)

[163] Ebd., 397.

[164] Ebd.

[165] Eine Fürstenburg gehört dem Herrscher eines Landes, der die Burg zumindest zeitweise bewohnt oder die alleinige Verfügung darüber hat. (Telefonische Begriffsbestimmung und -abgrenzung mit dem Verfasser am 20. Juli 2005.)

[166] Linde 2003, 395. In Fn. 29 fügt er an: »Das Wort scheint früh aus dem appellativen Wortschatz verschwunden zu sein, in der mittelniederdeutschen Schriftsprache ist es jedenfalls nicht mehr bezeugt. Vgl. auch Uwe Ohainski u. Jürgen Udolph, Die Ortsnamen des Landkreises Hannover und der Stadt Hannover, Bielefeld 1998, S. 108–110.« Da in dieser flachen Landschaft kaum größere Erhebungen vorkommen, die mit »Teut« bezeichnet werden könnten, ist diese Feststellung nicht sehr aussagekräftig.

[167] Linde 2003, 394. In Fn. 25 fügt er an: »Der ältere Bergnamen *Toyt* wurde schon im 15. Jahrhundert durch die von den Ruinen der Wallanlagen abgeleiteten Bezeichnung Grotenburg (erstmals 1475: *groute borch*, ›große Burg‹) verdrängt und findet sich in jüngeren Quellen nicht. Vgl. Weerth, Arminius und Varusforschung, S. 28 ff.«

[168] Linde 2003, 394.

[169] Linde 2003, 395: »Karl Weerth zitierte 1950 eine Mitteilung des Sprachwissenschaftlers Alfred Hübner, ›daß dem eu bei Tacitus nur ein ü (über iu) oder ie (über eo, io) entsprechen könne, aber nie ein oy‹. (Karl Weerth, Über neue Arminius- und Varusforschungen, in: Lippischen Mitteilungen aus der Geschichte und Landeskunde, Band 19, 1950, Seiten 7–45, hier: S. 28)« Der Münsteraner Historiker und Sprachwissenschaftler Leopold Schütte gab Roland Linde die gleiche Auskunft: »Alle mittelalterlich-frühneuzeitlichen Formen mit T-te (also Töte usw.) müssen sie vergessen [...] Die spätmittelalterlich-neuzeitliche Entsprechung für [das antike, Ergänzung d. Linde] ›Teuto-‹ ist in Niederdeutschland eindeutig und ausschließlich ›Düde-‹ oder ›Diede-‹.« (E-Mail vom 15. März 2002 [an Linde, Anm. d. Verf.]) Der alte Name Theotmalli konnte trotz Umformung als Detmold bestehen. Der Name „Toyt" für die Grotenburg hatte sich bis zu der Zeit erhalten, als „de Toytmeiger" und „Theotmalli" bezeugt waren. Die Wandlung des Konsonanten vom „T" zum „D" war noch nicht vollzogen. Wenn wir bedenken, daß die frühen schriftlichen Überlieferungen keine festgelegte Orthographie kannten und weit entfernt von der heutigen Hochsprache einen lautlichen Ausdruck suchten, der ein Lesen und Verstehen zum Ziel hatte, dann liegen „Teut-" oder „Toyt-" und selbst ein „Töt-" nahe beieinander. Der strikte Ausschluß von „oy" überrascht daher, zumal eine spätere Einwanderung eines Volksstammes in das Gebiet der Cherusker und damit verbunden eine Veränderung der Sprache nicht unwahrscheinlich ist.

[170] Tacitus Ann. I 61; siehe im Zusammenhang in Anm. 95.

[171] Tacitus Ann. I 60; siehe im Zusammenhang in Anm. 46. Die Straßenbedingungen für Germanicus hatten sich kaum geändert und entsprachen wohl noch dem Bauzustand seit Drusus. Eine gut angelegte Achse bestand zwischen Rhein und Weser, möglicherweise noch ein Stück zwischen Höxter und Minden. Ein besserer Reitweg kann noch angenommen werden von Beckum über die langen Brücken (Raum Gütersloh?) über Bielefeld nach Minden. Im übrigen Land dürften noch immer die Höhenwege der Germanen benutzt worden sein. Ein Heer von sechs bis acht Legionen wird er kaum über die Senne geführt haben oder auf Naturwegen quer durch das Land. Deshalb darf angenommen werden, dass er von der Weser kommend den Kamm des Teutoburger Waldes westwärts überschritten hatte und der Römerstraße nach Aliso gefolgt war. Solche Überlegungen resultieren aus den Erfahrungen von Leise 1986 (siehe Anm. 206).

[172] Tacitus Ann. II 7; siehe im Zusammenhang in Anm. 44.

[173] Der Chronist konnte nicht in Anreppen stehen, denn dieses Lager wurde wahrscheinlich im Zuge der Kämpfe im Jahre 9 n. Chr. niedergebrannt und verlassen. Kühlborn fand bei seinen Ausgrabungen keinen Hinweis auf eine Wiederbelebung des Lagers während der Feldzüge des Germanicus. (Vortrag am 5.3.2005 vor dem Freundeskreis für Archäologie in Niedersachsen e. V. mit Sitz in Hannover, siehe Anm. 28)

[174] Im Mittelalter scheint auch die Trasse über die jetzige Paderborner Straße – Elsener Straße – Neuhäuser Straße und Königstraße benutzt worden zu sein. Auch dieser Weg ist denkbar.

[175] Eine Wegführung von Schloß Neuhaus entlang der heutigen Schlossstrasse – Wilhelmshöhe – Neuhäuserstrasse – Friedrichstrasse – käme als etwas längere Verbindung ebenfalls in Frage.

[176] »[...] als diejenigen, die aus der Schlacht [varianischen Niederlage] entkommen waren, belagert wurden [...]«. Frontinus III 15,4 (nach Woyte II, 110 Fn.2)

[177] Im Jahr 836 überführte man die Gebeine des hoch verehrten, heiligen Liborius von Le Mans nach Paderborn. Mit dieser taktischen Maßnahme wollte man offensichtlich ein christliches Gegengewicht schaffen zu der damals noch immer lebendigen germanischen Hinwendung zu den alten Göttern in oder an den Paderquellen. Wir können uns heute kaum noch vorstellen, daß der Name »Paderborn« vielleicht einmal »Vater (der) Born(e)« im Sinne von »Vater aller Quellen« bedeutet haben könnte.

[178] Heute Iznik, Provinz Bursa, Türkei.

[179] Cassius Dio IV 53,19.3–6.

»19. (3) Doch seit jener Zeit begann man die Ereignisse heimlich und verborgen zu behandeln, und wenn trotzdem einige Dinge zufällig an die Öffentlichkeit drangen, so finden sie keinen Glauben, weil man sie jedenfalls auf ihren Wahrheitsgehalt nicht prüfen kann, denn man argwöhnt, daß sich alle Worte und Taten nur nach den Wünschen der jeweiligen Machthaber und ihren Anhängern richten.
(4) Und so schwatzt man von vielen Dingen, die sich gar nicht zutrugen, während man von anderem, was sich bestimmt ereignet, nichts weiß; jedenfalls laufen fast sämtliche Geschehnisse in einer Version um, die sich mit den Tatsachen nicht deckt. Hinzu kommt noch, daß die Ausdehnung des Reiches und die Fülle der Vorkommnisse ein genaues Wissen über die Dinge außerordentlich erschweren.
(5) So trägt sich z.B. in Rom viel und nicht weniger in dem von ihm abhängigen Gebiet zu, und was den Feind anlangt, geschehen dort stets und beinahe täglich gewichtige Dinge; vor alldem aber kann, abgesehen von den unmittelbar Beteiligten, kein Mensch leichthin den genauen Hergang erfahren, die Masse des Volkes aber bekommt überhaupt nichts davon zu hören.
(6) Infolgedessen werde auch ich die nun folgenden Ereignisse, soweit sie besprochen werden müssen, im Einklang mit dem, was etwa veröffentlicht wurde, darbieten und keine Rücksicht darauf nehmen, ob sich die Dinge in Wahrheit so oder auf andere Weise abspielten. Ergänzend soll indessen auch meine persönliche Ansicht nach Möglichkeit hinzutreten, soweit sie eben imstande war, aus der großen Fülle des Gelesenen, Gehörten und Selbsterlebten ein Urteil abzuleiten, das sich von dem allgemeinen Gerede unterscheidet. «

Weiter heißt es in Band IV, Buch 54, 15.3:

»15. (3) Ich habe daher meinerseits die Absicht, in sämtlichen derartigen Fällen lediglich, was überliefert wird, niederzuschreiben, ohne mich damit zu beschäftigen, ob […] die Überlieferung der Wahrheit entspricht oder nicht. Diese meine Erklärung soll auch für den Rest der Schrift gelten!«
Entnommen: Millhoff, 2002, 23–24.

[180] Siehe Anm. 114

[181] Cassius Dio IV 53,19.6 (Siehe Anm. 179)

[182] Cassius Dio IV 56/18–22. (Übers. Veh)
»18.(3) […] Als jedoch Quintilius Varus Statthalter der Provinz Germanien wurde und in Wahrnehmung seines Amtes sich auch mit den Angelegenheiten dieser Volksstämme befaßte, da drängte er darauf, die Menschen rascher umzustellen, und erteilte ihnen nicht nur Befehle, als wenn sie tatsächlich römische Sklaven wären, sondern trieb sogar von ihnen, wie von Unterworfenen, Steuern ein.
(4) Eine derartige Behandlung aber wollten sie sich nicht gefallen lassen. […] Sie empörten sich indes nicht in aller Offenheit, da sie sahen, daß viele römische Truppen am Rhein, viele aber auch in ihrem eigenen Lande standen.
(5) Statt dessen nahmen sie Varus bei sich auf, taten so, als wollten sie alle ihnen

erteilten Befehle ausführen, und lockten ihn auf diese Weise weit vom Rhein weg ins Cheruskerland und bis an die Weser. Dort zeigten sie sich höchst friedlich und freundschaftlich und erweckten damit in ihm den Glauben, sie könnten auch ohne die Anwesenheit von Soldaten ein unterwürfiges Leben führen.

19.(1) Varus behielt daher seine Legionen, wie es in einem Feindesland richtig gewesen wäre, nicht beisammen, sondern verteilte viele seiner Soldaten an schwache Gemeinwesen, die ihn darum baten, angeblich zu dem Zweck, entweder verschiedene Punkte zu bewachen oder Räuber festzunehmen oder gewisse Lebensmitteltransporte zu begleiten.

(2) Hauptverschwörer und Anführer bei dem Anschlag wie bei dem Krieg waren neben anderen Arminius und Sigimerus, Varus dauernde Begleiter und wiederholt auch Tischgenossen.

(3) So fühlte sich der römische Feldherr sicher und rechnete mit nichts Schlimmem; all denen aber, welche die Vorgänge argwöhnisch verfolgten und ihn zur Vorsicht mahnten, schenkte er keinen Glauben, ja machte ihnen sogar Vorwürfe, als seien sie ohne Grund beunruhigt und wollten seine Freunde nur verleumden. Dann kam es zu einer ersten Aufstandsbewegung, und zwar bei den Völkerschaften, die von ihm entfernt wohnten, ein wohlüberlegter Plan:

(4) Varus sollte gegen diese Unruhestifter zu Felde ziehen und auf dem Marsch durch angeblich befreundetes Gebiet mit geringer Mühe überwältigt werden, anstatt er sich, wie bei einem allgemeinen plötzlichen Ausbruch von Feindseligkeiten gegen ihn zu erwarten war, besonders in acht nahm. Und so kam es denn auch: Zuerst gaben ihm die Verschworenen beim Ausmarsch das Geleite, dann beurlaubten sie sich, um angeblich die verbündeten Kontingente zu sammeln und ihm damit rasch zu Hilfe zu kommen,

(5) übernahmen aber nur die Führung ihrer schon bereitstehenden Truppen und griffen, nachdem man allerorts die dort befindlichen, zuvor erbetenen Garnisonen niedergemacht hatte, den Feldherren selber an, der sich bereits inmitten undurchdringlicher Wälder befand. Dort aber offenbarten sich im gleichen Augenblick die Germanen statt als Untertanen als Feinde und richteten viele schreckliche Verheerungen an.

20.(1) Die Berge, ohne Ebenen, waren nämlich von Schluchten durchzogen, außerdem standen Baumriesen dicht nebeneinander, so daß die Römer bereits vor dem feindlichen Überfall mit dem Fällen der Bäume, der Anlage von Wegen und der Überbrückung von Geländeabschnitten, wo solches nötig war, Mühe genug hatten.

(2) Wie mitten im Frieden führten sie viele Wagen und auch Lasttiere mit sich; dazu begleiteten sie zahlreiche Kinder und Frauen und noch ein stattlicher Sklaventroß, die sie ebenfalls zu einer gelockerten Marschform zwangen,

(3) Inzwischen kamen auch ein starker Regen und Sturm auf, was die Marschierenden weiterhin voneinander trennte, und der Boden, um die Wurzeln und Stämme her schlüpfrig geworden, machte jeden Schritt höchst unsicher; Bruch und Sturz der Baumwipfel sorgten für weitere Verwirrung.

(4) Mit solchen Schwierigkeiten hatten damals die Römer zu ringen, als die Barbaren, wegekundig wie sie waren, gerade durch die ärgsten Dickichte drangen und sie plötzlich gleichzeitig von allen Seiten her umzingelten. Zuerst schossen sie nur aus der Ferne, dann aber, als niemand sich wehrte und viele verwundet waren, rückten sie näher an die Gegner heran.

(5) Die Römer marschierten ja in keiner festen Ordnung, sondern im Durcheinander mit Wagen und Unbewaffneten; sie konnten sich auch nirgendwo leicht zu einer Gruppe zusammenschließen, und da sie überall den jeweiligen Angreifern zahlenmäßig unterlegen waren, hatten sie selbst schwer zu leiden, ohne etwas dagegen ausrichten zu können.

21.(1) Aus diesem Grunde schlugen sie an Ort und Stelle ein Lager, nachdem sie, soweit dies auf einem bewaldeten Berge möglich war, einen passenden Platz gefunden hatten. Hierauf verbrannten sie die meisten Wagen und was ihnen sonst nicht dringend nötig schien oder ließen sie zurück. Anderntags ging der Marsch in etwas besserer Ordnung

weiter, und sie erreichten, freilich nicht ohne blutige Verluste, sogar freies Gelände.
(2) Von dort aus gerieten sie aber wieder in Wälder, und hier mußten sie sich gegen die Angreifer wehren, wobei sie aber gerade die schwersten Verluste erlitten. Denn auf engem Raum zusammengepreßt, damit Schulter an Schulter Reiter und Fußvolk den Feinden entgegenstürmen konnten, stießen sie vielfach aufeinander oder gegen die Bäume.
(3) Als der 4.Tag graute, befanden sie sich immer noch auf dem Marsche, und erneut überfielen sie heftiger Regen und starker Wind, die sie weder weitergehen noch festen Stand finden, ja nicht einmal mehr die Waffen gebrauchen ließen. Sie konnten sich nämlich nicht mehr mit Erfolg ihrer Bogen und Speere oder der ganz und gar durchnäßten Schilde bedienen.
(4) Die Feinde hingegen, größtenteils nur leicht gerüstet und imstande, ungefährdet anzugreifen und sich zurückzuziehen, hatten weniger unter den Unbilden zu leiden. Außerdem hatte sich ihre Zahl stark vermehrt, da viele von den anderen, welche zunächst nur abgewartet hatten, sich ihnen jetzt vor allem in der Hoffnung auf Beute anschlossen. Bei den Römern dagegen war in den vorausgehenden Gefechten schon eine Menge gefallen, und ihre Reihen waren gelichtet.
(5) So konnten die Barbaren ihre Gegner leichter umzingeln und niedermachen. Varus und die übrigen hohen Offiziere erfaßte darüber Angst, sie möchten entweder lebendig in Gefangenschaft geraten oder von ihren grimmigsten Feinden getötet werden – sie waren ja schon alle verwundet, und das ließ sie eine zwar schreckliche, aber notwendige Tat wagen: Sie begingen Selbstmord.
22.(1) Als sich die Kunde davon verbreitete, leistete vom Rest der Leute, selbst wenn er noch bei Kräften war, auch nicht einer mehr Widerstand, vielmehr ahmten sie einen das Beispiel ihres Feldherren nach, während die anderen selbst ihre Waffen wegwarfen und sich vom Nächstbesten, der das wollte, niedermachen ließen; denn Flucht war unmöglich, wie sehr sie einer auch ergreifen wollte.
(2) Und so wurde jeder Mann und jedes Pferd, ohne daß man Gegenwehr fürchten mußte, niedergehauen und die« [Lücke im Text, d. Verf.]

[183] Siehe Cassius Dio: Römische Geschichte (übers. von Otto Veh) 1986.

[184] Siehe Woyte 1916.

[185] Velleius P. II 117–119; siehe im Zusammenhang in Anm. 88.

[186] Florus DCC II 30; siehe im Zusammenhang siehe Anm. 90.

[187] Tacitus Ann. I 61; siehe im Zusammenhang in Anm. 95.

[188] Mommsen 1885, 40–44.

[189] »Es stimmt zwar, daß Florus früher lebte als Dio, aber es ist nicht abzusehen, weshalb ein rhetorisierender Kompilator wie der spanische Ritter Florus einem Staatsmann wie Cassius Dio nachgesetzt werden soll.« (Mommsen 1986, 128)

[190] Mommsen 1986, 40 (Fußnote 18).
[191] Vita aus dtv-Lexikon 1999.

[192] Höfer 1888.

[193] Ebd., 165 f.

[194] Vgl. Lehmann 1989. In dem Aufsatz wird die Konsensmeinung der Historiker zum Ablauf und zu den offenen Fragen der Varusschlacht wiedergegeben. Professor Lehmann folgt darin Theodor Mommsen auch hinsichtlich der Schwierigkeiten, die Aussagen von Florus mit denen von Cassius Dio in Einklang zu bringen.

[195] Millhoff 2002, 69 f.

[196] Ritter-Schaumburg 1988, 46–50.

[197] Ebd., 42; siehe hierzu auch die Anmerkung 105, die eine andere Unstimmigkeit aufgreift.

[198] Millhoff 2002.

[199] Siehe Anm. 179.

[200] Millhoff 2002, 24.

[201] Nicht nur an ihn muss die Frage gerichtet werden: Kann man sich auf den Text von Cassius Dio berufen, ebenso auf die Passagen bei den anderen Überlieferungen, wenn nicht vorher der Verdacht einer gezielten Geschichtsfälschung untersucht und ausgeschlossen wurde? Höfer, Ritter-Schaumburg und Millhoff sind so vorgegangen.

[202] Velleius P. II. 119,2; siehe im Zusammenhang siehe Anm. 88,

[203] Florus IV 12,36.

[204] Tacitus Ann. II 88; siehe im Zusammenhang in Anm. 53.

[205] Ebd.; siehe im Zusammenhang in Anm. 53.

[206] Leise 1986.

[207] Bremer 2001 (siehe Anm. 25).

[208] Bökemeier 2004 (siehe Anm. 25).

[209] Daniel Bérenger (2002) wendet sich engagiert gegen eigenmächtiges »Prospektieren« und Schatzsucherei, um Schäden an unserem Kulturgut zu verhindern.